三橋貴明
Takaaki Mitsuhashi
経済ニュースの裏を読め!
世界経済編

はじめに

　2010年初め、欧州のユーロ加盟国の一国であるギリシャが「事実上」破綻しました。事実上、破綻とは、どういうことでしょうか。それ以前に、そもそも国家の破綻とはどういう意味でしょうか。
　国家の破綻とは、本書では「民間、もしくは政府が対外債務をデフォルトすること」と定義しています。要は、外国から借りたお金が返済不可になることを「破綻」というわけです。
　勘違いしている日本人は多いのですが、新聞紙上などをにぎわす「デフォルト」「対外債務不履行」とは、「政府」の債務不履行には限りません。たとえば、08年10月にアイスランドが「破綻」（「事実上」ではなく、真の意味での破綻）しましたが、あれは同国の「民間金融機関」の対外債務不履行なのです。決して、アイスランド「政府」が、債務不履行に陥ったわけではありません。
　それに対し、前述の「ギリシャが事実上、破綻」の方は、これはギリシャ「政府」の対外債務不履行になります。ただし、しつこく「事実上」とつけていますように、ギリシャ政府は、実際には債務不履行を起こしてはいません。債務不履行、すなわちギリシャ政府が過去に海外向けに発行した国債（要はギリシャ政府の海外からの借り入れ）の償還不可、もしくは利払いの不可にいたった「わけではない」のです。
　とはいえ、ギリシャ政府が海外（IMFやユーロ諸国）の資金援助なしでは、債務不履行を起こしてしまう状態だったことは間違いありません。結果、ギリシャは「事実上」破綻したと受け止められています。細かいことを書くと、10年5月にIMFとユーロ諸国が、ギリシャに総額1100億ユーロ（約12兆円）の融資実施に合意した瞬間が、同国が「事実上、破綻した日」と考えられるわけです。
　このギリシャ政府の破綻を受け、「日本の財政状況はギリシャより悪い。ギリシャは破綻した。だから、日本も破綻する」などと、問題認識を根本から間違えた主張がマスメディアで飛び交いました。さら

に一国の首相までもが、これに類することを叫んでいたわけですから、あきれ返ってしまいます。

　先にも書いた通り、本書（および上記の「日本も破綻する」論も）では、「破綻」を対外債務の不履行と定義しているのです。「財政」といっているくらいですから、この「日本も破綻する」論は、当然ながら政府のデフォルトを意識していたと考えられます。しかし、日本政府とギリシャ政府の「財政」を比較すると、下記の通り、経済環境が真逆といっても過言ではないほど違っているのです。

◆日本は経常収支黒字国で、ギリシャは経常収支赤字国
◆日本は対外純資産国（ちなみに、日本は世界最大の対外純資産国）で、ギリシャは対外純負債国
◆対外純資産国ゆえに、日本は貯蓄超過国。対外純負債国ゆえに、ギリシャは貯蓄過少国
◆日本は貯蓄超過国ゆえに、政府発行国債の95％が国内消化。ギリシャは貯蓄過少国ゆえに、政府発行国債の70％以上が海外消化
◆日本政府発行の国債の100％が日本円建て。ギリシャ政府発行の国債はユーロ建て
◆国債が日本円建てであるため、日本政府は国債の金利調整が可能。ギリシャ国債はユーロ建てであるため、ギリシャ政府は自国のみで金利調整が不可能（可能なのはECB、すなわち欧州中央銀行のみ）

　ちなみに「先進国が自国通貨建てで発行した国債のデフォルトは考えられない」ことは、あの財務省さえ認めている見解になります。なにしろ、財務省は02年に、外国の格付け機関から日本国債の格下げを予告された際に、下記のようなすばらしい「意見書」を送りつけているのです。

【外国格付け会社宛意見書要旨】

http://www.mof.go.jp/jouhou/kokusai/p140430.htm

1.貴社による日本国債の格付けについては、当方としては日本経済の強固なファンダメンタルズ(編集部注:経済指標)を考えると既に低過ぎ、更なる格下げは根拠を欠くと考えている。貴社の格付け判定は、従来より定性的な説明が大宗である一方、客観的な基準を欠き、これは、格付けの信頼性にも関わる大きな問題と考えている。

　従って、以下の諸点に関し、貴社の考え方を具体的・定量的に明らかにされたい。
(1) 日・米など先進国の自国通貨建て国債のデフォルトは考えられない。デフォルトとして如何なる事態を想定しているのか。
(2) 格付けは財政状態のみならず、広い経済全体の文脈、特に経済のファンダメンタルズを考慮し、総合的に判断されるべきである。たとえば、以下の要素をどのように評価しているのか。
　・マクロ的に見れば、日本は世界最大の貯蓄超過国
　・その結果、国債はほとんど国内で極めて低金利で安定的に消化されている
　・日本は世界最大の経常黒字国、債権国であり、外貨準備も世界最高
(3) 各国間の格付けの整合性に疑問。次のような例はどのように説明されるのか。
　・一人当たりのGDPが日本の1/3でかつ大きな経常赤字国でも、日本より格付けが高い国がある。
　・1976年のポンド危機とIMF借入れの僅か2年後(1978年)に発行された英国の外債や双子の赤字の持続性が疑問視された1980年代半ばの米国債はAAA格を維持した。
　・日本国債がシングルAに格下げされれば、日本より経済のファンダメンタルズではるかに格差のある新興市場国と同格付けとなる。

2.以上の疑問の提示は、日本政府が改革について真剣ではないということでは全くない。政府は実際、財政構造改革をはじめとする各般の構造改革を真摯に遂行している。同時に、格付けについて、市場はより客観性・透明性の高い方法論や基準を必要としている。

　このような非の打ち所がない「意見書」を外国の格付け機関に送りつけた財務省が、なぜ国内ではこの手の話を一切しないのでしょうか。

　なにしろ、財務省は国内では、四半期ごとに、「国の借金〇〇〇兆円！　国民1人当たり〇〇〇万円！」などと、日本の財政破綻をあおっている張本人なのです。

　なぜ財務省は「外国向け」と「国内向け」で、これほどまでに論調を変えているのでしょうか。謎としかいいようがありません。

ところで、ギリシャのような経常収支赤字国は、なぜ対外純負債国かつ貯蓄過少になるのでしょうか。すなわち、対外純負債国の場合、なぜ国債消化を海外に頼らなければならなくなるのでしょうか。
　あるいは、財務省が四半期ごとに「国の借金！」をあおり、マスコミが「財政破綻する！　財政破綻する！」と騒いでいるにもかかわらず、なぜ日本国債の金利は世界最低なのでしょうか。金利が世界最低とは、金融市場から最もリスクが低いとみなされていることを意味します。「財政破綻目前！」の日本国債の金利が、世界最低…これまた謎としかいいようがないわけです。

　本書では、上記のような「謎」や問いかけについて、図表を駆使して解説していきます。実は、ややこしい「経済学」や「理論」などに頼らずとも、「お金の流れ」を理解するだけで、先の疑問はスラスラと解けてくるのです。
　経済とは結局のところ「お金の流れ」であり、それ以上のものでも、それ以下のものでもありません。そして、経済を理解することは、すなわち「世界を理解する」ことにもつながります。
　世界とは、主に「経済」によって結びついているのです。

2011年3月
三橋貴明

経済ニュースの
裏を読め！
世界経済編
目次

はじめに……2

第1章 アメリカ
サブプライム危機、リーマン・ショック後の行方

- Q01 アメリカは景気回復しているのですか？……12
- Q02 ドルは今後も「強いドル」ですか？……16
- Q03 格付け機関は信頼できるのですか？……20
- Q04 アメリカは輸出大国ですか？ 輸入大国ですか？……24
- Q05 アメリカ経済を支える産業はなんですか？……28
- Q06 サブプライム危機後、
  アメリカでの不動産業はどうなっているのですか？……32
- Q07 バブル崩壊後のアメリカの住宅価格はどうなってますか？……36
- Q08 アメリカの個人消費意欲はどうなっていますか？……40
- Q09 アメリカの経済格差はどのくらいですか？……44
- Q10 アメリカの医療保険問題についてくわしく教えてください……48
- Q11 金融危機を経て、世界経済における
  アメリカの位置づけはどう変わっていきますか？……52

✓ 1章のポイント……56

第2章 欧州
世界同時不況が直撃！ 黄昏の欧州は立ち直れるのか

- Q12 ユーロ導入の目的はなんですか？……58
- Q13 共通通貨・ユーロに統一することで、システム的にむずかしいことはありますか？……60
- Q14 欧州がサブプライム危機で大打撃を受けたのはどうしてですか？……64
- Q15 EU加盟国で財政危機にあるのはどこの国ですか？……68
- Q16 EUの経済回復は可能なのでしょうか？……72
- Q17 ギリシャ危機の原因はなんですか？……76
- Q18 ギリシャの財政危機は解決できるのでしょうか？……80
- Q19 ギリシャはなぜIMFから支援を受けたのですか？……84
- Q20 スペインはなぜ財政が急激に悪化したのですか？……86
- Q21 スペインの失業率は20％を超えていますが、政府はなにか対策をしているのですか？……90
- Q22 主力産業の観光で、スペインは景気回復できないのでしょうか？……94
- Q23 ドイツはEU、ユーロ圏内でどのような位置にいますか？……98
- Q24 ドイツを支えている産業はなんですか？……102
- Q25 ドイツはユーロ圏内の財政が悪化した国にどのように対応していくべきですか？……106
- Q26 イギリスはなぜユーロに加盟しないのでしょうか？……108
- Q27 10年5月に、イギリスでは13年ぶりに政権交代したのには理由がありますか？……112
- Q28 財政破綻したアイスランドは、その後どうなっていますか？……116

✓ 2章のポイント……120

第3章 中国
「経済成長」報道に隠れた真実

- Q29 中国の経済成長を支えているのは輸出ですか？……122
- Q30 中国が「好景気」といわれていますが、それはバブルですか？……126
- Q31 人民元は基軸通貨になるのですか？……130
- Q32 中国の投資家が、日本の国債を
  買い増していく可能性はありますか？……134
- Q33 中国国内での格差はどのくらいですか？……138
- Q34 中国の人件費が上がっていると聞きますが、
  実態はどうなのですか？……142
- Q35 今後も中国の経済成長は続いていきますか？……146

✓ 3章のポイント……150

第4章 新興国
21世紀、世界経済のエンジンになれるか？

- **Q36** ブラジルが経済成長している要因はなんですか？……152
- **Q37** ブラジルは累積債務問題からどのように立ち直ったのですか？……156
- **Q38** ブラジルは2016年にオリンピック開催予定ですが、オリンピックで高度成長はできるのですか？……160
- **Q39** ロシアといえば原油ですが、原油だけでどこまで経済成長を続けられるのですか？……164
- **Q40** ロシアは世界金融危機での影響はありましたか？……168
- **Q41** インド経済の中心はなんですか？……172
- **Q42** インドでIT産業が発展したのはどうしてですか？……176
- **Q43** 韓国の景気は回復していますか？……180
- **Q44** 韓国と日本の輸出入はどのような関係ですか？……184
- **Q45** 韓国経済の問題点はなんですか？……188
- **Q46** 中国やインドなどの新興国が台頭する中、世界経済で韓国はどのような位置にいますか？……192

✓ 4章のポイント……194

最終章 日本
これからの日本が進むべき道

Q47 政府の借金は年々増えていますが、
やはり減らすべきですか？……196

Q48 デフレ下で消費税を増税すると、
個人消費はどのような影響を受けますか？……200

Q49 「給料が上がらずデフレ」は、国民にとって懐事情は変わらない気も
しますが、やはりデフレを脱却するべきですか？……204

Q50 事業仕分けは国の経済にとって、意味があることですか？……208

Q51 子ども手当てや高速道路無料化の
経済効果はどうなっていますか？……212

Q52 日本が採るべき経済政策とは？……216

✓ 最終章のポイント……220

おわりに……221
索引……224

第1章 アメリカ

サブプライム危機、リーマン・ショック後の行方

「世界同時好況」のけん引役であったアメリカの"家計の借金"は、バブルがはじけると住宅価格が下がりはじめ、今度は世界同時不況へのけん引役となってしまいました。サブプライム危機、リーマン・ショックを経て、アメリカは今どうなっているのでしょうか。景気は回復しているのか、住宅事情はどうなっているのか…世界同時不況のインパクトの割には、ニュースなどでは点でしか伝えられないことをこの章では、線で見ていきます。

第1章　アメリカ　サブプライム危機、リーマン・ショック後の行方

Q 01 アメリカは景気回復しているのですか?

世界同時好況を引っ張ってきたアメリカ。中でもけん引役は個人消費でした。08年のリーマン・ショック以降、アメリカの景気は現在、どんな状態なのでしょうか。

キーワード
バランスシート…貸借対照表ともいう。一定時点における、ある経済主体の資産、負債、純資産の状態を表す
バランスシート不況…民間がバランスシート悪化を改善するために動くことで、マクロ経済に悪循環をもたらしている状況

景気回復とは、減少したGDPが、拡大に転じていること

　まずは景気回復の定義をしましょう。経済成長とはGDP（国内総生産。一定期間内に国内で生み出された付加価値の合計）が拡大することです。そして、景気がいいとは経済成長率が高まることを意味します。ということで、景気回復とは減少したGDPが、拡大に転じていることという定義になるわけです。というわけで、はじめにアメリカの実質GDPの内訳を見てみましょう。

　アメリカの09年の実質GDPは、約1093兆円（1ドル85円で計算）の規模です。そのうち、個人消費支出が約7割を占めています。日欧などの先進諸国において、個人消費がGDPに占める割合は、せいぜい6割前後です。アメリカ経済が、他国よりも個人消費に依存していることがおわかりいただけるでしょう。

　さて、アメリカの実質GDPの成長率について、四半期ごとの推移をグラフ化したものが図1-2になります。ちなみに年率換算とは、四

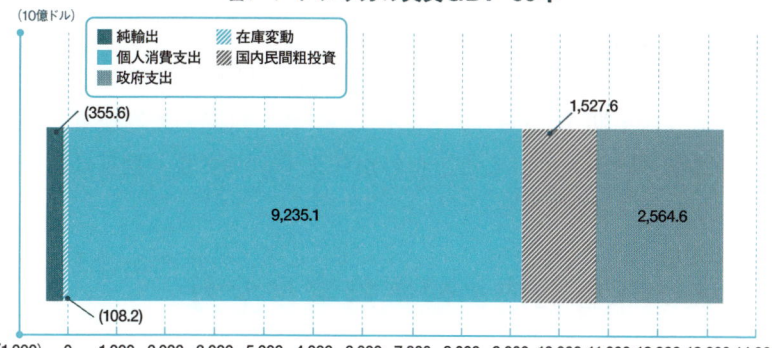

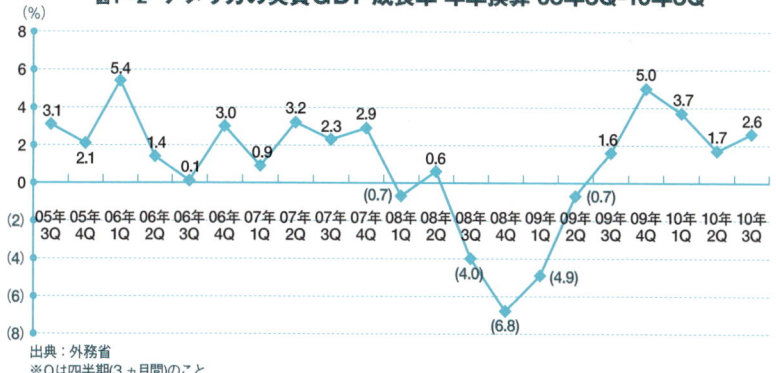

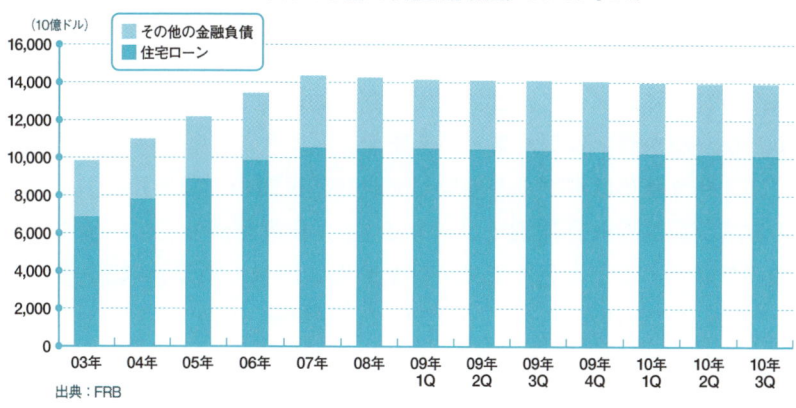

13

半期などの「単位期間」の成長率が、仮に1年間続いた場合に、「年間」のGDP成長率はどうなるかを示した指標です。

　年率換算の実質GDP成長率を四半期ごとに見ると、アメリカ経済は08年第3四半期（すなわちリーマン・ショック）以降の極端な落ち込みから、次第に回復していることがわかります。つまり、景気は回復基調にあるといえます。

成長の内訳は政府の景気対策が主力

　ところが、「成長の内訳」を見ると、はなはだ心もとない回復としかいいようがないのです。成長の内訳がなにかといえば、**政府の景気対策が主力になっている**のです。政府が自動車購入支援（日本のエコカー減税に近いです）や住宅購入支援を大々的に実施した結果、個人消費や民間住宅投資が拡大し、成長路線に戻すことができたわけです。

　この種の景気対策（自動車購入や住宅購入を政府が補助金や減税で支援する）を所得移転と呼びます。所得移転系の景気対策は、通常は単なる「政府から家計への振り込み」になるため、それ自体は景気拡大の効果は持ちません（例：子ども手当てなど）。所得移転系の景気対策は、政府から移転された所得（お金）が家計や企業などに支出（消費、投資など）されてはじめて、GDPの拡大に貢献するわけです。

　もっとも、自動車購入や住宅購入を支援するタイプの所得移転は、政府が支出する際に必ず消費（例：自動車を買う）や投資（例：住宅に投資する）を伴っています。単なる「振り込み」に終わりがちな所得移転系の対策に比べると、景気拡大を直接的に促すことができるわけです。なかなか賢い景気対策といえます。

　アメリカ経済はバブルが崩壊し、現在、民間の「負債残高」が減少するバランスシート不況下にあります。「負債が減って、結構なことじゃないか」などと思ってはいけません。国家のバランスシート（ストック）上で負債が減るということは、フロー（GDPのこと）上で民間の支出が激減することを意味しているのです。

現在のアメリカでは、不動産バブルが崩壊した結果、家計などの民間は負債の削減、すなわち、「借金返済」に精を出しています。

資産価格（不動産価格）が暴落したにもかかわらず、住宅ローンなどの負債残高は減らないため、家計が借金返済に専念するのは、まことに合理的です。しかし、ミクロレベルの合理的な行動が、国家というマクロレベルに合成されると、とんでもない問題を引き起こしてしまうのです。これを「合成の誤謬」と呼びます。

アメリカの景気回復は同国の「家計の負債」拡大が必須

07年まで続いたバブル期、アメリカの家計は年に100兆円規模で負債金額を増やしていました。**アメリカの家計が増やした負債は、個人消費や住宅投資に回り、不動産価格を押し上げ、同国の輸入を大きく拡大した**のです。さらに、アメリカのバブルが世界に伝播した結果、21世紀初頭の世界経済は「インフレなき世界同時好況」に沸き立ちました。アメリカの家計の個人消費は同国GDPの7割を超え、「世界最大の需要」すなわち「けん引車」として世界経済を引っ張ったのです。

アメリカ政府やFRB（米連邦準備制度理事会）は、景気を下支えするために財政出動（公共投資など）や金融緩和を繰り返しています。しかし、「世界最大の需要」たるアメリカの個人消費が元気を取り戻さなければ、同国の経済が完全に回復したといいきることはできません。そして、アメリカの個人消費が回復するには、再び家計の負債すなわち借金が拡大しはじめなければならないのです。

世界同時好況のけん引役はアメリカの個人消費。実質GDPの数値は回復基調にありますが、個人消費は負債返済に注力していて、回復していないのが現状です。

第1章 アメリカ サブプライム危機、リーマン・ショック後の行方

Q02 ドルは今後も「強いドル」ですか?

オバマ大統領は10年1月の一般教書演説で、「米国製品の輸出を2倍にする」ことを述べました。輸出にはドル安が有利ですが、今後のドルの行方はどうなるのでしょうか。

キーワード
デフレ…物価が持続的に下落していく現象。総需要が総供給を下回ることが主な原因
インフレ…物価が持続的に上昇していく現象。総需要が総供給を上回った場合に物価の上昇で調整される

世界的な金融危機の中で、投資家が購入していったのは金と円

「強いドル」とは、他通貨に対し実効為替レート(複数の外貨に対し、特定通貨の価値が高いか低いかを総合的に示す指数)が上がり続けるドルということです。

以前は「有事のドル買い」などといわれていました。つまり、**戦争などの有事の際に、流動性が高いアメリカのドルを買っておけば「安心である」という経験則**です。

ところが、最近はこの原則があてはまらなくなってきています。サブプライム危機以降から、リーマン・ショックを経て、世界的な金融危機が深刻化していきました。そんな中で**投資家が購入していったのは、金と日本円**だったのです。

なぜでしょうか。3つの理由があります。

1つには、日本のデフレが続き、円の「実質価値」が上がり続けています。結果、日本の実質金利が上昇していっています。低金利が続

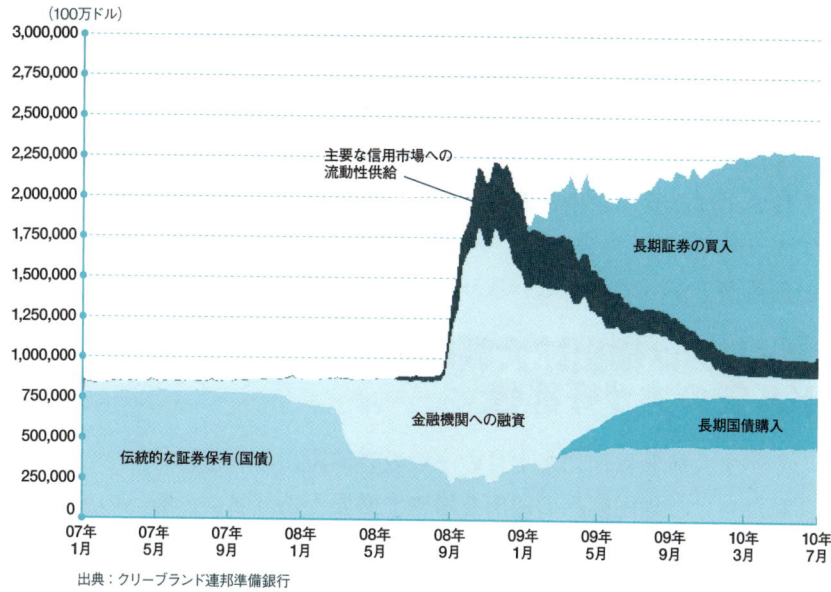

図2-1 FRBのバランスシート(資産サイド)変遷 10年7月末時点

出典:クリーブランド連邦準備銀行

いている中で、実質金利が上昇ということはどういうことでしょうか。

実質金利とは、物価変動率を考慮した金利です。「実質金利=名目金利(表面上の金利)-インフレ期待率」で計算されます。現在の日本の名目金利が1%だとします。日本は**インフレ**どころかデフレなので、インフレ期待率がたとえばマイナス2%だとします。すると、実質金利は3%(=1%+2%)にもなるわけです。

デフレの場合、将来における「日本円の価値」が上昇することが期待されます。すなわち、日本円で買える「物やサービス」の量が増えることが予想されるわけです。というわけで、名目金利が世界最低でも、日本の実質的な金利は上昇しているといえ、高金利を目指して外貨が流入してしまうのです。

2つ目は、アメリカも事実上のゼロ金利政策を採っており、日米の金利差がゼロに近づいています。結果、低金利の日本円を借りてアメリカなどに投資する「キャリートレード」が発生しにくくなっているわけです(キャリートレードは、日米の金利差が3%に達すると活発化すると

いわれています)。前述の通り、日本の実質金利が高いこともあり、ドルで円を買い戻す動きが発生しています。「ドルで投資するよりも、日本円がいいや」となっているわけです。要するに、相対的にどちらに投資した方がマシかということでの判断です。

3つ目としては、アメリカのFRBが国内の銀行から長期国債などを買い上げる量的緩和を継続し、バランスシートが拡大していっています(図2-1)。その分だけ、アメリカ・ドルが市場に供給され、ドルの価値が下がっていっているわけです。

アメリカは輸出拡大戦略でドル安の方が好都合

オバマ大統領は、10年1月の一般教書演説において、
「私たちは、米国製品の輸出を増やす必要があります。製品の生産量と輸出量を増やせば増やすほど、国内で支えることができる雇用の数が増えるからです。ですから、今夜、新たな目標を設定します。今後5年間で輸出を倍増させる、という目標です。この輸出増により、米国内で200万人の雇用機会を支えることになります」

と、述べました。アメリカの失業率は10年8月現在で9.6%という高水準にいたっています。同国の失業率は09年5月に「9%ライン」を突破し、その後は9%台から10%台を行き来しています。よくいっても「横ばい」という状況です。

結果、アメリカは国家戦略として「輸出」を拡大し、雇用状況を改善することを目標に掲げたわけです。この戦略のもとでは、当然ながらアメリカにとっては「ドル安」の方が好都合ということになります。つまり、輸出国への戦略転換により、「強いドル」をアメリカ自身が志向しなくなったのです。

サブプライム危機以降、金融中心の成長戦略は描きにくい状況

サブプライム問題が勃発する前の07年までは、アメリカの主力産

業は「金融」でした。特に、日本やスイスなどから低金利のマネーを借り入れ、アメリカ国内や海外に投資するビジネスで、投資銀行(株式、債券の引き受けを主業務とし、それに付随する合併や買収など企業の財務戦略のアドバイスを行う)や投資ファンド(金融機関や個人の投資家から資金を集め、それを基金として株や不動産などに投資し、売却益を投資家に還元する機関)などが大いに稼いでいたわけです。

この種のビジネスを拡大するには、米ドルは上昇していった方が都合がいいのです。なにしろ、ドルが上がり、逆に日本円やスイス・フランの為替レートが下がっていけば、返済の際に為替差益までをも狙えることになります。

しかし、サブプライム危機により、かつてのような金融中心の成長戦略は描きにくい状況になっています。

失業率も高止まりを続けており、結果的にアメリカは製造業やサービスの輸出中心による成長を志向しているわけです。そうなると、当然ながら「ドル安」こそが、アメリカの国益に沿うということになります。それにより、今後しばらくは、ドルが高騰する局面は訪れそうにありません。

10年秋に、突発的に日本で、「TPP(環太平洋連携協定)」という話が浮上したのも、アメリカの「輸出倍増計画」の一端なのです。

サブプライム危機以降、アメリカはかつての金融中心から製造業などの輸出増加による成長を目指す戦略に転換しました。ドル安こそが国益に沿うわけで、強いドルの局面はしばらくないでしょう。

第1章 アメリカ サブプライム危機、リーマン・ショック後の行方

Q03 格付け機関は信頼できるのですか？

ムーディーズなどの格付け機関のことは、よく耳にしますが、はたしてどんなことをしているのでしょうか。また、その格付けは信頼できるものなのでしょうか。

キーワード
格付け機関…格付け会社ともいう。国や企業の債券などについて、情報を集めて、信用力を計り、格付けを発表する企業のこと
金融工学…将来起こり得るリスクなどを確率や統計を用いて分析し、資産運用や取引、リスクマネジメント、投資などに工学的手法を用いて研究する学問

不動産バブルで格付け機関が果たした役割

　07年まで続いたアメリカの不動産バブルにおいて、格付け機関は1つの「役割」を果たしました。それは、サブプライムローンなどが「証券化」される際に果たした、「製造者」としての役割です。

　そもそもサブプライムローンとは、クレジットスコアが低い低信用層（低所得層ではありません）向けに高利回りで提供された住宅ローンです。実は、アメリカでは過去の支払い履歴などにより、各個人の「クレジットスコア」が計算され、本人にも公表されます。このクレジットスコアの点数が、ローン審査や部屋の賃貸、それに就職活動にまでも影響を与えるのです。すなわち、クレジットスコアが低い人は、ローンや住宅を借りられないのはもちろん、就職が困難になるケースさえ少なくないわけです。

　クレジットスコアが高い層を「プライム層」、低い層を「サブプライム層」と呼びます。通常の住宅ローンは、そもそもサブプライム層

図3−1 代表的な証券化商品であるCDOの作成プロセス例

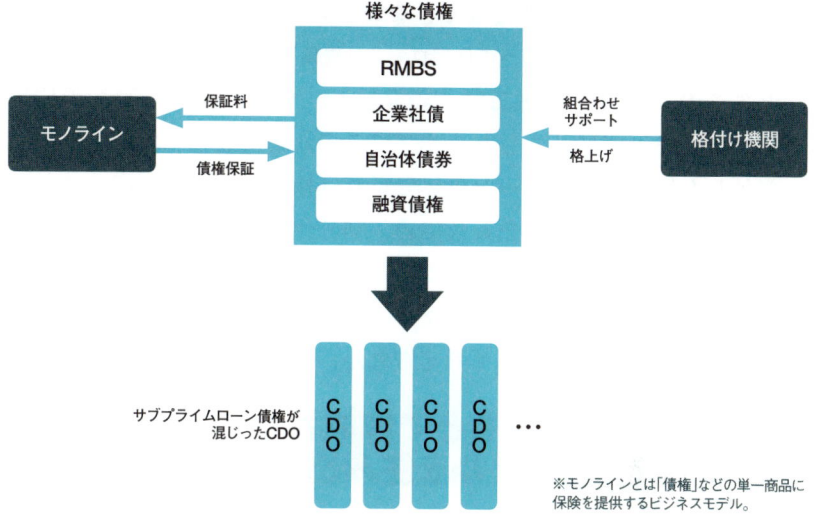

※モノラインとは「債権」などの単一商品に保険を提供するビジネスモデル。

図3−2
主要国の国債金利（新発10年国債）の推移 08年8月-10年7月

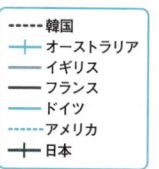

出典：各国の中央銀行

図3−3
主要国の国債格付け 11年2月時点

国名	国債格付け(自国通貨)
日本	AA−
アメリカ	AAA
ドイツ	AAA
フランス	AAA
イギリス	AAA
韓国	A+
オーストラリア	AAA

出典：スタンダード&プアーズ
※ちなみに、日本と同じAA−格付けの国は、中国、クウェート、サウジアラビアなど

には提供されないことが多いのです。すなわち、サブプライム層は住宅をローンで購入することはできないということになります（日本国内では、普通、信用が低い層への住宅ローンは提供されません）。

　ところが、ITや「金融工学」の発展が、サブプライム層への住宅ローン提供を可能にしました。サブプライム層に高金利で住宅ローンを提供した場合、そのローン単体で見れば極めてリスクが高くなります。ところがこのローンを多数集め、細分化（輪切り、ともいいます）し、他のローン（クレジットローンや自動車ローンなど）と組み合わせ、別の証券化商品（CDO：債務担保証券など）を作成することで、リスクを分散することが可能になると「考えられた」わけです。

格付け機関関与のもとで作成された証券化商品が、バブルを生み出した

　この「証券化商品作成」に、格付け機関が「製造者」の一員としてサポートを行ったことが問題視されました。すなわち、格付け機関は各種のローンを細分化し、新たな証券化商品を作成する際に、「格付けが高くなるように」組み合わせを提案したのです。

　こうして格付け機関関与のもとで作成された証券化商品は、「格付け機関から高格付けを得て」世界中に販売されました。重要なポイントなので、繰り返します。「格付け機関の関与」の下で作成された証券化商品は、「格付け機関から高格付けを得た上で」世界に販売されたのです。

　その後、サブプライムローンの延滞率が急上昇し、破綻が明らかになった07年7月10日、火曜日。代表的な格付け機関であるムーディーズが、サブプライムローンを含むCDOについて大量格下げを行いました。証券化市場は「爆縮」という表現がふさわしいほどに一気に冷え込み、信用収縮が世界中に劇的な速度で広まったのです。

スペインは財政危機でも格付けが日本より上

時折、新聞紙上などで日本国債について「格下げ」「格上げ」というニュースを見かけると思います。しかし、実は日本政府が格付け機関に自国国債の格付けを依頼したことは、過去に一度もないのです。
　そもそも格付け機関のビジネスモデルは、「格付けする相手」から料金を徴収し、格付けするという、奇妙なものになっています。すなわち**「料金を支払う顧客」**を格付けするのがビジネスなのです。こんな構造で、正しい格付けが真実、可能なのかどうか。筆者は心底から疑問に思うわけですが、まあ、その話は置いておきましょう。
　格付け機関は別に依頼されたわけでもないのに、まさしく「勝手」に日本国債を格下げしたり、格上げしたりしているわけです。しかも、スタンダード＆プアーズの現時点の格付けでは、「世界最低の金利」の日本国債よりも、イギリス、アメリカの国債の格付けの方が高くなっています。なにしろ、この両国の国債は、金利がどれだけ上がろうとも最高格付け（いわゆるAAA）を維持しているのです。
　国債金利が低いとは「国債の価値が高い」ということを意味します。世界最低の金利、すなわち世界で最も国債価値が高い日本国債が最高格付けではなく、金利が高い他国の国債が最高格付けなのです。
　ちなみに11年3月現在、スペインの失業率は20％に達し、財政危機が取りざたされています。先にも登場したムーディーズは、すでに失業率20％に達していた10年9月末でも、スペインの国債を「最高格付け」のまま据え置いていました。現在のスペイン国債の格付けも、なんと日本より高いままなのです。
　さて、読者の皆さんは格付け機関を信頼できますか。

格付け機関のビジネスモデルは、格付けする相手から料金を徴収し、格付けするというもの。正しい格付けが可能かどうかははなはだ疑問です。

第1章 アメリカ サブプライム危機、リーマン・ショック後の行方

アメリカは輸出大国ですか?輸入大国ですか?

Q04

輸出大国か輸入大国かはイメージではなく、数値ベースで見ていくと、よく理解できます。まずはこれらの定義づけをしますので、そこからアメリカの実態を見てみましょう。

キーワード
保護主義…輸入の制限や関税などによって自国の産業を保護しようとすること

アメリカはGDP比で輸出入額を見ると輸出大国でも輸入大国でもない

　この種の疑問に回答する際には、まずは「定義」をする必要があります。すなわち、輸出大国とはなんでしょう? あるいは、輸入大国とはなんでしょう? 絶対額で定義すればいいのでしょうか。それとも、対GDP比率で見るべきなのでしょうか。

　また、大小をいうのであれば、「なにと比べて大きい」「なにと比べて小さい」も明確化しなければなりません。

　まずは、絶対額ではなく、対GDP比率で主要国の比較を見てみましょう。

　図4-1の通り、アメリカの09年輸出依存度は7.41％で、主要国ではもっとも低くなっています。また輸入依存度は10.93％で、主要国の中で日本に次いで低くなっているわけです（意外かもしれませんが、日本の輸入依存度は世界最低レベルです。なんでも自国で作ってしまうためです）。

　すなわち、**経済規模（今回はGDP）と輸出入の額を比べると、アメリカは決して輸出大国でもなく、輸入大国でもない**のです。もちろん「経済規模と比べると」という話なので、今度は絶対額で見てみまし

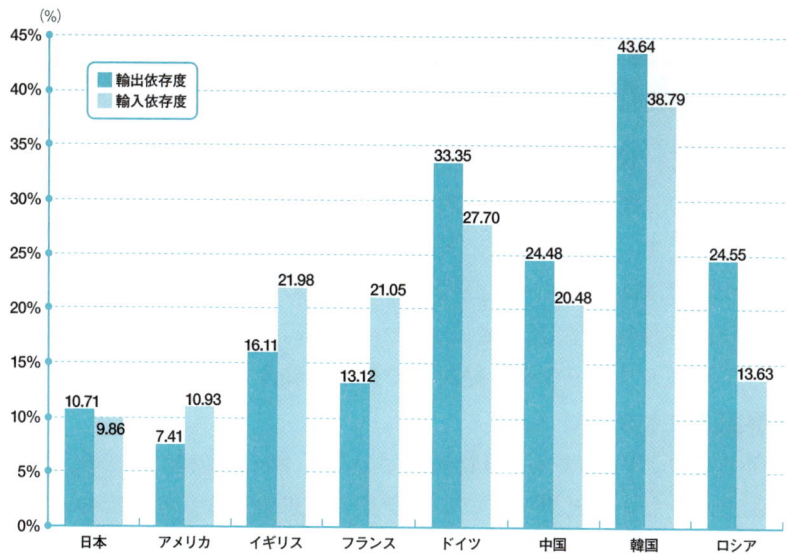

図4-1 主要国の輸出依存度、輸入依存度 09年

出典：内閣府、財務省、JETRO
※輸出依存度＝財（製品）の輸出額÷名目GDP
　輸入依存度＝財（製品）の輸入額÷名目GDP
※輸出入は「財」のみで、いずれもサービスの輸出入は含まれていない

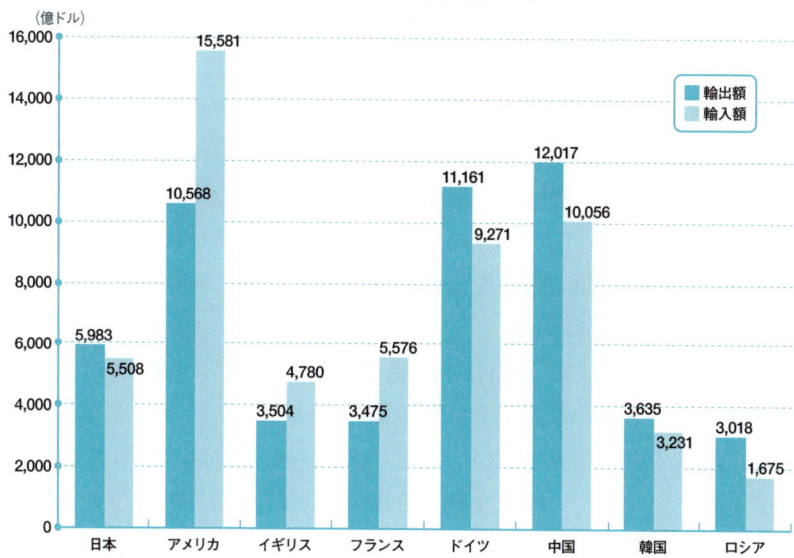

図4-2 主要国の輸出入額 09年

出典：内閣府、財務省、JETRO
※1ドル＝85円で計算

ょう。

アメリカは、絶対額では輸入が世界トップ 輸出が世界第3位

　ところで、図4-2の通り、実は日本は絶対額で見ても「輸出大国」ではないのです。世界の「3大輸出大国」は、中国、ドイツ、そしてアメリカです。これは別に、日本が「輸出大国の座から滑り落ちた」という話ではありません。高度成長期を含め、日本の輸出依存度はせいぜい10％台の前半で、過去に一度も20％に達したことはないのです。

　さて、アメリカですが、**絶対額で見ると輸入が世界第1位、輸出が世界第3位**となっています。

　アメリカといえば「巨額貿易赤字」のイメージがあり、「輸入の割に輸出が少ない」と思っている人が多いと思います。それ自体は事実なのですが、その「輸入の割に少ない輸出」にしても、世界第3位の規模ということなのです。

今後の世界は、各国が 輸入を押し付けあう構造

　サブプライム危機からリーマン・ショックを経て、アメリカは「金融」中心の成長から「国内の中小企業、製造業」中心の経済へとシフトしようとしています。理由は、単純に国内の中小企業の雇用創出能力を高めなければ、失業率を改善することができないためです。

　結果、アメリカは国内のみならず、海外にも需要を求め、オバマ大統領が「今後5年間で輸出を倍増させる」という目標を公言するにいたったわけです。

　しかし、アメリカの輸出は09年時点でも1兆ドル（約85兆円）の規模を持っています。これを2倍にするということは、新たに1兆ドルもの「輸入」を、世界各国に引き受けてもらわなければなりません。一体「誰が」これだけ膨大な輸入を引き受けてくれるのでしょうか。

　アメリカのみならず、現在はドイツなども輸出依存の景気回復を志

向しています。

　今後の世界は、これまでの「アメリカや（ドイツを除く）欧州が、世界各国からの輸入を引き受ける」構造から、露骨なまでに各国が「輸入を押し付けあう」構造へと変わっていくでしょう。

　輸入を他国に押し付けることが、自国の雇用や需要を守ることにつながるわけです。すなわち、今後の世界は保護主義化する可能性が高いのです。

アメリカはGDP比で見ると、輸出大国でも輸入大国でもありません。今後は輸出規模の拡大を目指しているので、他国に輸入を押し付ける保護主義化が懸念されます。

第1章　アメリカ　サブプライム危機、リーマン・ショック後の行方

アメリカ経済を支える産業はなんですか？

Q05

アメリカの産業というと、まずは「自動車」を思い浮かべる人も多いかと思います。では、本当の基幹産業はなんなのでしょうか。そのあたりを見ていきましょう。

キーワード
世界大恐慌…1929～33年の間に世界中の資本主義諸国に広がった史上最大規模の世界恐慌
経常収支…一定期間の国際収支のうち、海外とのモノやサービスの取引状況を示した統計のこと

アメリカ経済を支えているのは、金融・保険・不動産業

　アメリカ経済を支える産業とは、ズバリ「金融・保険・不動産業」になります。これは最近はじまった傾向ではなく、ITバブルが崩壊する直前の2000年時点で、同国の「金融・保険・不動産業」はすでにGDPの20％を占めていました。
　サブプライムローンの証券化などのビジネスが盛んになったのは、04年頃からです。しかし、それ以前からアメリカの産業の中心は「金融・保険・不動産業」だったのです。すなわち、最近はじまった傾向ではないということになります。
　とはいえ、長期的に見た場合、アメリカの産業の中心は、少なくとも「金融・保険」ではありませんでした。
　ところが、不動産については、それこそアメリカ経済が世界に覇を唱えた1900年代初頭の時点で、すでに同国の産業の中心になっていました。そういう意味で、アメリカの「伝統的な」主力産業である不動

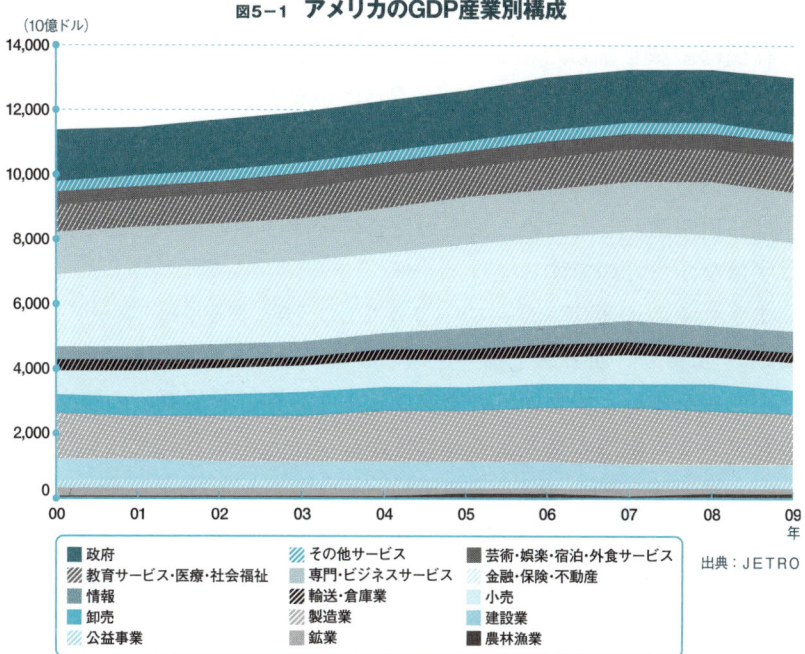

産業と、金融や保険をひとまとめに統計してしまうのは、なんとなく不自然に思えます。

なぜ、アメリカにおいて、経済成長の初期段階から不動産業が主力産業の1つだったのでしょうか。もちろん、同国が「移民大国」であることと密接に関係があります。

移民国家・アメリカで不動産業が主流は必然！

そもそも、アメリカは「移民」によって成り立っている国です。毎年、多い年には100万人規模の移民が流入し、彼らが住宅を賃貸もしくは購入することで、大規模な不動産業が成立していたわけです。

通常、移民は当初の知人（親戚など）宅における「居候」の身分から、入国2～3年後に賃貸用住宅に移り住み、10年程度で分譲住宅の購入へと進んでいきます。

ちなみに、第1次世界大戦中（1914〜18年）は、さすがにアメリカへの移民は激減しました。ドイツ軍のUボートが徘徊する中、欧州からアメリカへ向けた移民船など出せるわけがなかったためです。

結果、終戦から約10年が経過した29年、アメリカの分譲住宅のビジネスにおけるボトム（谷底）が訪れました。そもそも第1次世界大戦中は移民が激減したため、彼らのための分譲住宅の市場が盛り上がるはずはなかったのです。

まさしくこの事実（29年にアメリカの主力産業である不動産業がボトムを迎えた）こそが、世界大恐慌の遠因になったと考えられています。

不動産を中心とする国内の需要が縮小する中、世界経済の覇権を握ったアメリカ国内のあり余る流動性が、ウォール街の株式になだれ込んだわけです（要は、他にお金の行き場がなかったのです）。ニューヨーク株式市場は、明らかにバブルへの道をたどっていました。

そして、29年10月。アメリカの経済学者、アーヴィング・フィッシャーが、「株価は、恒久的に高い高原のようなものに到達した」などと、根拠不明な予言を口走った直後に、ニューヨーク・ウォール街の株価は大暴落をはじめました。世界大恐慌のはじまりです。

アメリカ人にとって住宅は「固定資産」ではなく「流動資産」

その後、アメリカの主力産業は耐久消費財の製造業（自動車産業など）に移りましたが、同国で不動産業が重要なビジネスであることに変わりはありませんでした。

なにしろ、アメリカ人にとって住宅は「流動資産」であり、「固定資産」ではないのです。流動資産とは「1年以内などの短期で現金化できる資産」を意味します。当然ながら、アメリカにおいて住宅の中古市場は、日本以上に活況を呈していたわけです。

さて、アメリカは1960年代以降、製造業の海外移転が盛んになり、次第に供給能力を失っていきました。もともとは世界最大の経常収支黒字国（信じられないでしょうが、事実です）だったアメリカですが、70

年代後半には貿易赤字が恒常化しはじめました。すなわち、国内の需要に対して、供給能力が追いつかなくなってしまったわけです。

その後、アメリカ経済の中心はITや金融に移っていきました。もちろん、資源・エネルギーや防衛、それに食料など「国を成り立たせるための産業」については、今でもアメリカはがっちりと自国で囲い込んでいます。

それにしても、鉄鋼や造船、鉄道、原子力、それに製造業の多くが、次第にアメリカから失われていったのです。なにしろ、現在のアメリカは、自国のみで原子力発電所を建設することは全く不可能なのです。

さらに、GMなどの自動車産業も、日本の工作機械や資本財（生産のために使用される財。原材料、道具・機械など）なしでは、製造ラインの形成ができない状況にいたっています。

結局のところ、サブプライム危機とは「成長の源泉」が見あたらないアメリカが、虎の子ともいえる「不動産」と「金融工学」を結びつけた結果、拡大したといっても過言ではありません。本来は住宅を購入できない低信用層に、金融工学を活用して住宅ローンを提供可能にし、不動産バブルを醸成し、最終的に破綻したというわけです。

アメリカ経済の虎の子である、不動産業を痛めつけてしまった今回の「やり口」が、将来的な成長に重石となってのしかかってくることは間違いありません。現在のオバマ政権も、それを理解しているからこそ、中小企業や製造業に回帰し、「輸出中心」の成長路線を模索しているわけです。

アメリカを支えている産業は、金融・保険・不動産業。中でも不動産業は1900年代初頭から主力産業。ただ、サブプライム危機で不動産業を痛めつけたことは将来的に重石となるでしょう。

第 1 章　アメリカ　サブプライム危機、リーマン・ショック後の行方

Q06 サブプライム危機後、アメリカでの不動産業はどうなっているのですか?

世界的な不況の原因となったサブプライム危機。一時は活況を呈していたアメリカの不動産業界は、今、どのようなときを迎えているのでしょうか。

キーワード
CDS…クレジット・デフォルト・スワップ。債権を保有したまま信用リスクのみを移転する取引。信用リスクとは補償の取引のこと

様々な登場人物が現れるアメリカの不動産売買

　アメリカの不動産業は独特です。まあ、独特といえば、どこの国も同じなのかもしれませんが、少なくとも**アメリカの不動産ビジネスは、日本のそれとは全く異なります**。
　もっとも日本と異なる部分は、「登場人物」の数がやたら多いことです。登場人物とは、住宅売買に関わるビジネス関係者を意味しています。
　たとえば、日本国内で住宅を購入しようとした場合、登場人物は「銀行」「不動産業者」「買い手」の3者で終わりです。
　ところが、アメリカの不動産売買の場合は、買い手と銀行の他にも、住宅ローンブローカー、住宅ローン専門会社、政府系の住宅専門金融機関（フレディ・マック、ファニー・メイなど）などなど、様々な登場人物が舞台に現れるのです。
　さらに、アメリカ人が借りた住宅ローンは、格付け機関やモノライン（金融保証業務だけを行う専門会社）などの関与を経て、証券化商品と

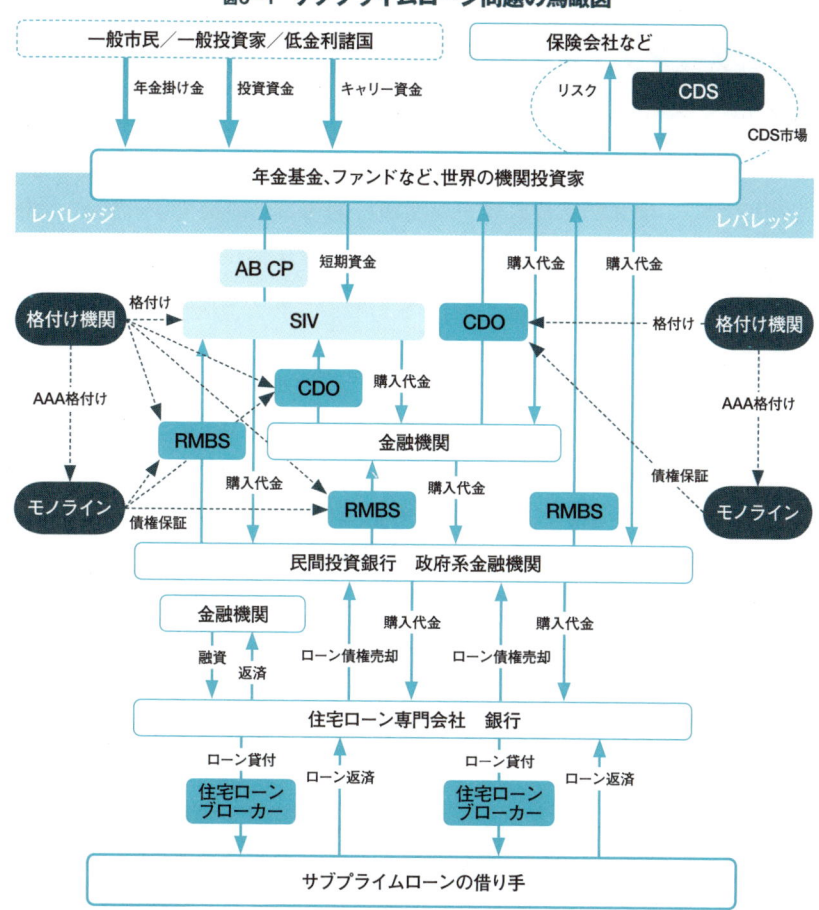

図6-1 **サブプライムローン問題の鳥瞰図**

出典：『ドル崩壊！今、世界に何が起こっているのか？』彩図社刊

して世界中の投資家に販売されます。さらにさらに、これらの証券化商品について「デフォルトするか否か」を賭ける、債券の保険商品**CDS**がAIGなどの保険会社から販売され、それをゴールドマン・サックスに代表される投資銀行などが買いあさっていたわけです（現時点で、ゴールドマン・サックスを含むアメリカの５大投資銀行は、すべて廃業するか、業態を銀行に転換しました）。

　すなわち、アメリカ人が組んだ住宅ローンが、「世界の金融市場」

と直結していたわけです。ずいぶんと気宇壮大(きうそうだい)な話ではあります。

サブプライムローン問題の
登場人物は、崩壊に向かった！

　図6-1は、拙著『ドル崩壊！ 今、世界に何が起こっているのか？』で使用した、サブプライムローン問題に関する鳥瞰図です。特に、すべての相関関係を理解していただく必要はありません。アメリカの住宅ローンビジネスが、どれほど複雑な構図になっているかを理解していただければ十分です。

　さて、07年7月のブラディ・チューズデイ（日本語でいうと血の火曜日。代表的な格付け機関であるムーディーズが、サブプライムローンを含むCDOについて大量格下げを行い、それをきっかけに、現在に連なるサブプライム危機を勃発させました）をきっかけに、図6-1の構造は崩壊に向かいました。

　たとえば、RMBSを販売していた投資銀行のうち、ベアー・スターンズ、メリルリンチ、そしてリーマン・ブラザーズは消え失せました。さらに、CDSを提供していたAIGは、FRBの支援を受け、ようやく生き残っているような有り様です。ゴールドマンやモルガン・スタンレーなどの投資銀行も、通常の銀行に業態転換することで生き残りを図らざるを得ませんでした。

　10年6月16日には、アメリカの2大政府系専門金融機関であるファニー・メイ（連邦住宅抵当金庫）とフレディ・マック（連邦住宅金融抵当公庫）が上場廃止になりました。住宅ローンブローカー経由で、住宅ローン専門会社（この業態も、ずいぶんと大手企業が姿を消してしまいました）がローンを提供し、債権を政府系金融機関経由で証券化して売り飛ばすというモデルは、次第に成り立たなくなりつつあるわけです。

　とはいえ、今も昔も不動産業がアメリカの主力産業の1つである事実に変わりはありません。

政府の住宅購入支援なしでは、
住宅販売は惨憺たる結果に

アメリカ政府も住宅がアメリカ経済、特に同国の実体経済において重要な位置を占めていることは理解しています。そのため、アメリカ政府は09年に新規住宅を購入した人に、8000ドルの住宅取得控除を認めるという、大々的な住宅購入支援策を実施しました。結果、アメリカの住宅市場はなんとか「下支え」がされていたというのが現実です。

　この住宅購入支援ですが、10年4月に期限切れを迎えてしまいました。結果、それ以降のアメリカの住宅販売は惨憺たる有り様になっています。いわゆる「駆け込み需要の反動」が発生しているわけです。

　10年5月の新築一戸建て住宅販売は、「前月比」で32％の減少と、過去最大の減少幅を記録しました。翌6月には若干盛り返したのですが、7月には再び対前月比で12％の減少となりました。この月の住宅販売戸数は、なんと1963年の調査開始以来、最低となったのです。

　また、アメリカでは住宅の差し押さえ件数も高止まりを続けています。10年8月の住宅差し押さえ件数は、前月比で4％増加し、33万8836件となりました。この月は、銀行の担保権実行件数が過去最高を記録したのです。すなわち、銀行が過去にデフォルト（債務不履行）を通達した物件について、差し押さえを「実行に移した数」が過去最高に達したということです。

　差し押さえや担保権実行件数が増加していくと、当然ながら住宅の中古市場も活性化しません。なにしろ、物件の供給だけがひたすら増えていくわけですから。

　アメリカの差し押さえ物件の処理は、早くても13年末までかかるといわれています。政府支援なしで住宅市場を活性化させるのは、相当に困難な状況です。

> 不動産業がアメリカの主力産業であることには変わりませんが、不動産バブルで登場していた企業などは業態変更したり、消え去っています。

第1章　アメリカ　サブプライム危機、リーマン・ショック後の行方

Q07 バブル崩壊後の アメリカの住宅価格は どうなってますか？

不動産業が主流のアメリカで、バブル崩壊後の住宅価格はどうなっているのでしょう。政府の住宅購入支援策は効果があったのでしょうか。

キーワード
プライム層…優良な借り手
サブプライム層…優良客よりも下位の層

サブプライムローンの延滞率は27%、プライムローンでも7%

　はじめに、そもそもの問題であったアメリカの住宅ローンの延滞率を、プライム層、サブプライム層に分けて見てみましょう。

　図7-1の通り、アメリカのサブプライムローン延滞率は、10年第2四半期時点で27%を上回っています。「住宅ローン」の延滞率が、27%に達しているわけです。サブプライムローンというビジネスが、どれほどバカげたものであるかがご理解いただけると思います（参考までに日本の住宅ローンの延滞率は1%台）。

　さらに戦慄することに、**信用が高い層に向けたプライムローンでさえも、延滞率が7%を上回っている**のです。

　図1-3（13頁）で07年までアメリカの家計が負債、特に住宅ローンを増やし続けていた様子をご確認いただきました。住宅を購入するためにローンを組んだはいいものの、返済や利払いができずに延滞する人が、信用が高かったはずの層においても増加してきているわけです。

　日本人の感覚では、延滞率が27%を超えているサブプライムローン

図7-1 アメリカの住宅ローン延滞率と完全失業率 07年1Q-10年2Q

凡例:
- サブプライムローン延滞率
- 完全失業率
- プライムローン延滞率

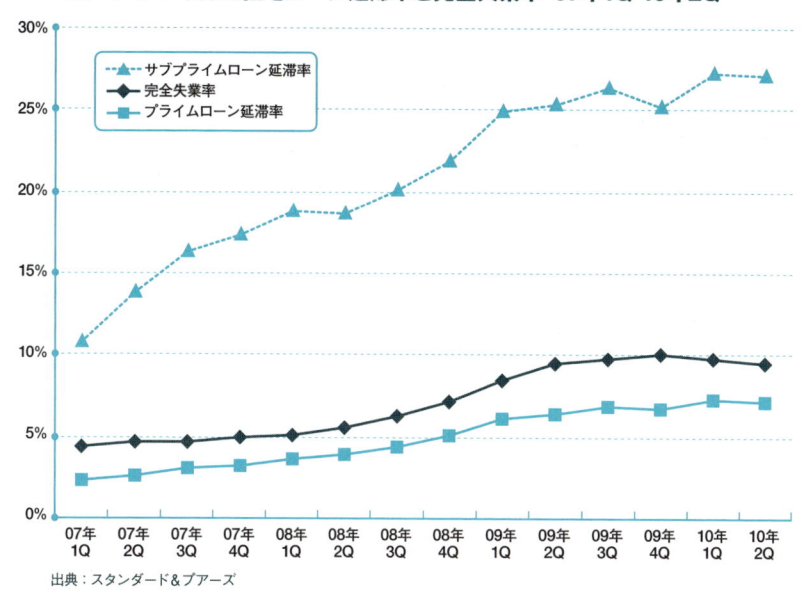

出典：スタンダード＆プアーズ

図7-2 アメリカの住宅価格指数（ケース・シラー指数）推移（00年1月=100）

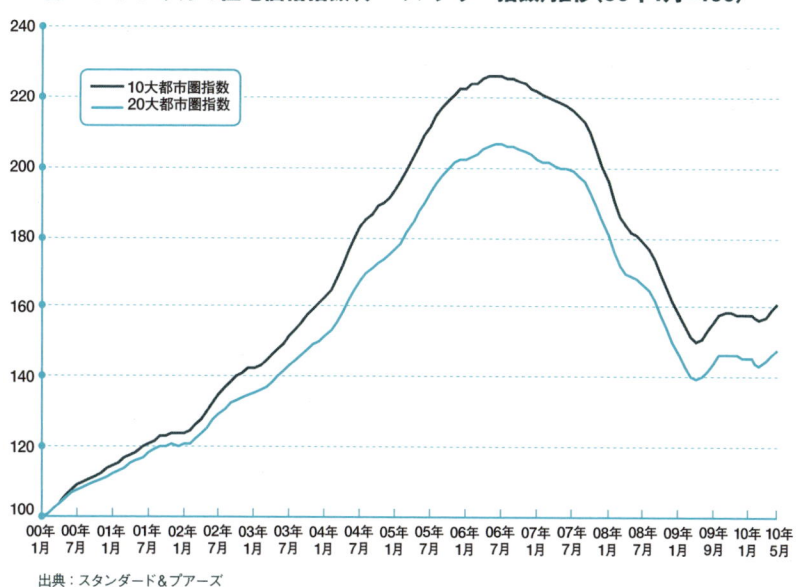

凡例:
- 10大都市圏指数
- 20大都市圏指数

出典：スタンダード＆プアーズ

37

はもちろん、7％に達したプライムローンにしても、ビジネスとしては崩壊していると思えてしまいます。

プライムローンの延滞率と失業率は相関関係が強い

　もちろん、アメリカの金融機関にしても、これほどまでに延滞率が上昇するとは考えていなかったでしょう。金融工学の発達により「証券化手法」が高度化し、リスクを「他者に転嫁」することが可能になったがゆえに、サブプライムにしてもプライムにしても、無謀なローン提供が拡大したとしか考えられないわけです。

　さすがに、債権を証券化して他者に販売することが不可能な環境下では、住宅ローンを提供する金融機関もサブプライムローン拡大には二の足を踏んだ可能性が高いと思います。

　現在、アメリカの失業率は9％台で高止まりを続けています。雇用環境が改善しない限り、住宅ローンの延滞率は、そう簡単には下がりはしないでしょう。特に、**プライムローン延滞率と失業率は、グラフからも見て取れるように相関関係が強い**のです。

政府の住宅購入支援策で、住宅価格の下落はなんとか防げた状態

　次に、アメリカの住宅価格について見てみましょう。

　図7-2の通り、アメリカの住宅価格がピークを打ったのは06年の中頃です。その後、09年1月に底を打ったかに見えますが、前述の通り、09年はアメリカ政府が大々的な住宅購入支援策を講じました。

　新住宅購入者に8000ドルの住宅取得控除を認めるという、大規模支援策が功を奏し、住宅価格の下落を「なんとか防いだ」というのが実情なのです。

　問題は、住宅取得控除目当ての駆け込み需要が終了した、10年5月以降になります。最新データである10年11月までを見ると、住宅価格は上昇と下降を繰り返しています。

とはいえ、失業率が高止まりしており、住宅取得控除が終了した以上、今後のアメリカの住宅価格は明確な下落傾向になる可能性が高いと思います。
　アメリカの住宅価格が順調に上昇していかなければ、アメリカの家計の負債残高も回復には向かいません。
　すなわち、世界最大の需要である「アメリカの個人消費」に灯が戻ることはないということです。
　もっとも、世界経済のために「アメリカの家計よ、もっと負債を増やせ」などと命じることは誰にもできません。
　今後の世界各国は、少なくともしばらくの間は「世界最大の需要」がかつての勢いを取り戻すことがないという前提で、成長戦略を構築する必要があると考えています。

A アメリカの住宅価格がピークを打ったのは06年中頃。その後、政府の住宅購入支援策で09年1月に底を打ったかに見えますが、失業率も高く、価格は再び下落する可能性が高いでしょう。

第 1 章　アメリカ　サブプライム危機、リーマン・ショック後の行方

Q08 アメリカの個人消費意欲はどうなっていますか？

サブプライム危機、リーマン・ショックと不況にあえぐアメリカ。アメリカ経済のけん引役だった個人消費は現在、どのような状況でしょうか。見ていきましょう。

キーワード
資源バブル……需給とはあまり関係なく、世界的な流動性の高まり（＝金余り）が原因で資源の先物取引などにマネーが流れた結果、実物価格も高騰する現象
可処分所得……家計が手にする所得から、社会保険料や税金、ローンの支払いなどの経費を引いた後に残る自由に使える所得

アメリカの個人消費は、リーマン・ショックからはなんとか立ち直った

　Q1にも書いた通り、アメリカの個人消費は文句なしで「世界最大の需要」です。

　この「世界最大の需要」の推移を項目別にグラフ化したものが、図8-1になります。特に、**医療サービスと金融・保険サービスの伸びが大きい**ことがわかると思います。

　08年第3四半期に、非耐久消費財が急激に落ち込んでいますが、これは主に「ガソリン・エネルギー消費」が、この時期に急減したためです。

　もちろん、同年7月の資源バブル崩壊の影響もあるでしょう。が、それ以上にリーマン・ショック（08年9月15日）の影響を大きく受けていると思います。

　10年第4四半期のアメリカの個人消費は、年率換算で10兆5252億ドルとなっており、これはリーマン・ショック直前とほぼ同規模になり

図8-1 アメリカの個人消費(年率換算)の変遷 86年1Q-10年4Q

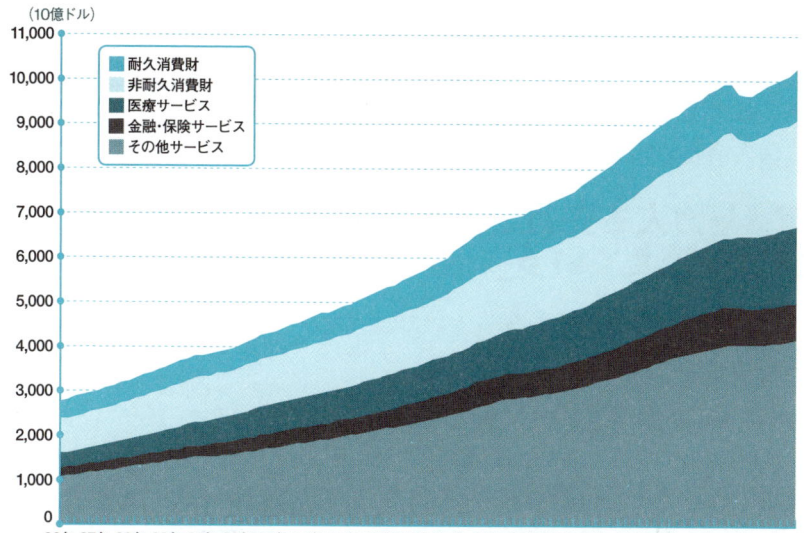

(10億ドル)

凡例:
- 耐久消費財
- 非耐久消費財
- 医療サービス
- 金融・保険サービス
- その他サービス

出典:Bureau of Economic Analysis

図8-2 アメリカの個人消費内訳 10年第4四半期

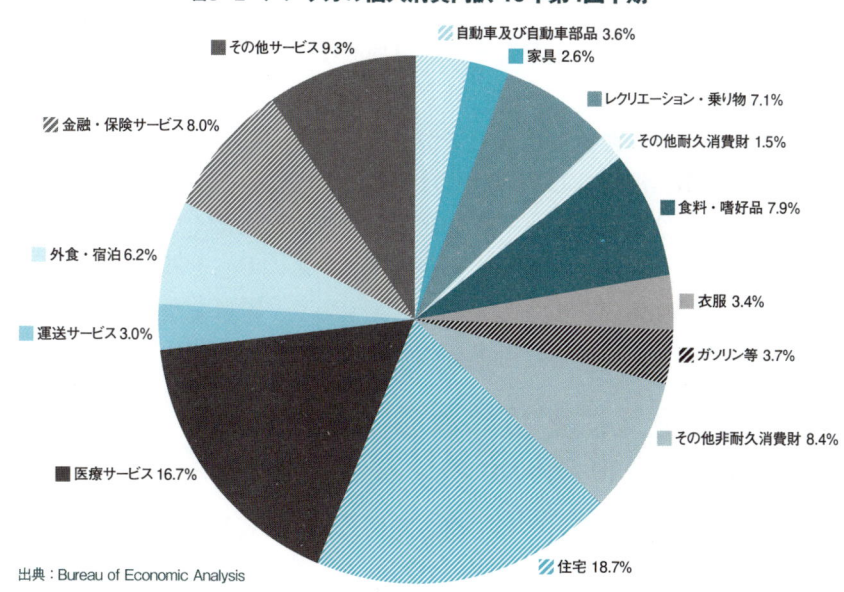

- その他サービス 9.3%
- 金融・保険サービス 8.0%
- 外食・宿泊 6.2%
- 運送サービス 3.0%
- 医療サービス 16.7%
- 自動車及び自動車部品 3.6%
- 家具 2.6%
- レクリエーション・乗り物 7.1%
- その他耐久消費財 1.5%
- 食料・嗜好品 7.9%
- 衣服 3.4%
- ガソリン等 3.7%
- その他非耐久消費財 8.4%
- 住宅 18.7%

出典:Bureau of Economic Analysis

41

ます。

　リーマン・ショックの衝撃からは、なんとか立ち直ったものの、順調に拡大するまでにはいたっていない。これが現在のアメリカにおける個人消費の状況というわけです。

アメリカ人も先行き不安で消費を控えている

　しかも、リーマン・ショック以降は、アメリカ政府の大々的な消費支援策が講じられてきました。

　たとえば、09年7月に、アメリカ政府はCARS（カー・アローワンス・リベート・システム）という自動車購入支援策を開始しました。この政策は、買い換えた自動車について、以前保有していたものと燃費を比較し、一定条件以上の燃費向上が明らかになった場合に、1台当たり4500ドルが政府から支給されるというものです。住宅取得控除同様に、かなり高額な支援策といっていいでしょう。

　CARSの予算は、当初は10億ドル（約850億円）ほど確保されていたのですが、わずか1週間で底をついてしまいました。そのため、09年8月24日まで支援が可能なように、追加的な予算措置が取られたのです。

　日本のエコカー減税もそうですが、結局のところアメリカ人も「お金がないから、消費をしない」わけでは決してないのです。

　バブルが崩壊し、住宅ローンなどの返済負担が大きくなり、将来が先行き不安だから消費を減らす人が増えているのでしょう。

　もちろん、失業率が高止まりしていますので、可処分所得が減った結果、消費を控えている層も多いのでしょうが。

医療サービスに支払われる割合が日本よりも4倍高いアメリカ

　アメリカの個人消費について語る際に、必ず触れなければならないことがあります。それは、図8-2でわかるように、医療サービス（ヘ

ルスケア）に支払われる金額の割合が16.7％（10年第4四半期）と、極端に高いという現実です。

　日本の場合でしたら、医療サービスに使われるお金は、家計の全消費支出の4％程度にすぎません。主要国の中で、医療サービスの支出の割合が10％を上回っている国は、アメリカ以外にないのです。

　その結果、「病院で治療をしてもらう」という基本的なサービスを受けられない人が増えています。また、高額な医療費を支払うことができず、自己破産の道を選ぶ人も少なくないのです。

　逆に、アメリカは食料や嗜好品（飲料やタバコなど）にかける費用が全体の7.9％と、これは主要国の中で大変小さくなっています（日本の場合は17％台）。

　家計の支出において、食料や嗜好品にかける割合が少なく、医療サービスの割合が高い。まさしく、この事実こそが、現代のアメリカが抱える病理を端的に表現しているといっても過言ではありません。すなわち、所得格差の拡大と、貧困層の増加です。

> 10年第4四半期の段階で、アメリカの個人消費は、リーマン・ショック前とほぼ同水準となりました。とはいえ、順調に拡大するまでにはいたっていません。

第1章 アメリカ サブプライム危機、リーマン・ショック後の行方

Q09 アメリカの経済格差はどのくらいですか？

アメリカでは経済格差が広がっています。まずは経済格差の定義を確認し、ジニ係数で各国と比較してみます。

キーワード
ジニ係数…主に社会における所得の格差を測る指標。係数値が0に近いほど格差が小さく、1に近いほど格差が大きくなる

現在のアメリカでは7人に1人が貧困層

経済格差とはなんでしょうか？

一般的には、金融資産の保有者の偏り、もしくは所得の格差のことでしょう。所得格差については、通常はジニ係数で比較し、その推移を見ます。ジニ係数とは「社会の所得分配上の不平等を測る」指標になります。

ジニ係数の範囲は0から1までで、値が0に近いほど格差が少なく、1に近いほど大きくなるわけです。ちなみにジニ係数1とは、その国でたった1人が「すべての所得を得ている」状況になります。

図9-1は05年までの各国のジニ係数をグラフ化したものです。05年以降のアメリカのジニ係数は、07年には0.45にまで上昇しています。ここ数年を見ても、アメリカの所得格差は拡大方向に向かっているわけです。

とはいえ、実はアメリカが抱える「経済格差」の問題とは、「ジニ係数云々以前の問題」なのです。

図9-1 世界主要国のジニ係数 80-05年

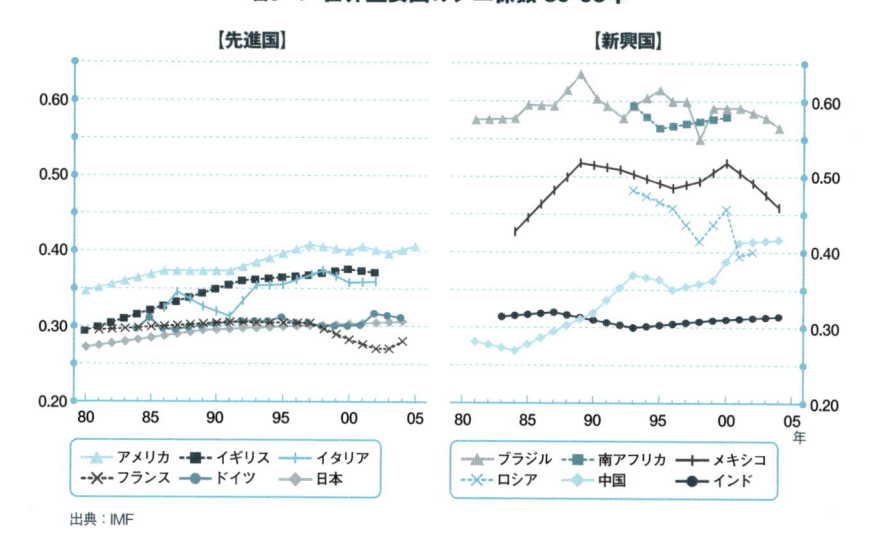

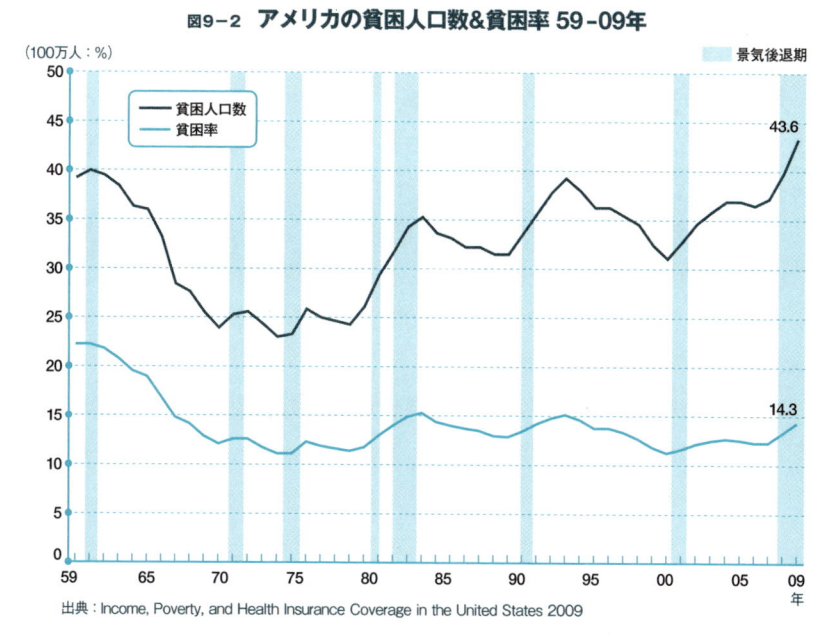

【先進国】
アメリカ　イギリス　イタリア
フランス　ドイツ　日本

【新興国】
ブラジル　南アフリカ　メキシコ
ロシア　中国　インド

出典：IMF

図9-2 アメリカの貧困人口数&貧困率 59-09年

(100万人：%)

貧困人口数
貧困率

景気後退期

43.6
14.3

出典：Income, Poverty, and Health Insurance Coverage in the United States 2009

ジニ係数云々以前の問題とはどういうことでしょうか。ズバリ「貧困」です。

最新の国勢調査（10年9月発表）によると、**現在のアメリカでは7人に1人が貧困層**とされています。

特に、リーマン・ショック以降の不況の影響で、貧困層の割合が08年の13.2％から、09年には14.3％に増えたのです。人数にして、実に4360万人にもおよびます。

ちなみに、ここでいう「貧困の定義」は、4人家族（18歳未満の子ども2人）で、年収が2万1756ドル（約185万円）以下の世帯を意味しています。4人家族で月収が約15.4万円です。日本においても、十分「貧困家庭」になるでしょう。

アメリカの貧困層は2000年代、一貫して増加している！

図9-2の通り、**アメリカの貧困層は09年の値が、1959年以降で最大**になりました。特に、2000年以降、ほぼ一貫して貧困層が増えている事実には驚かされます。

あれほどまでに住宅バブルに沸き、「世界経済最大の需要」である個人消費が活況を呈していた時期でさえ、アメリカ国内では貧困層が増え続けていたのです。

また、10年9月時点で、およそ5100万人のアメリカ人は、健康保険に加入していません。信じがたいことに、08年から09年にかけ、アメリカの健康保険加入者数は2億5500万人から2億5400万人未満まで「減少」してしまったのです。

アメリカの健康保険加入者数が減少したのは、1987年に統計がはじまって以来、はじめてのことです。

広がり続ける富裕層と貧困層の格差

　さらに現在のアメリカでは、人口の30％以上の人々が、なんらかの政府支援を受け、生活を成り立たせています。実に1億人以上ものアメリカ人が、政府支援を受けているというのが現状なのです。

　アメリカの富裕層（所得ランキング最上位1％の人々）の所得は、07年時点で全体の23％を占めています。しかも、02年と07年を比較すると、この割合がほぼ2倍になっているのです。

　サブプライムローンに象徴される今回の不動産バブルは、所得上位層の所得を拡大したのは間違いありません。しかし、同時に貧困層がゾッとするような速度で増えていっているというのが、00年以降のアメリカの現実というわけです。

　この矛盾がサブプライム危機をきっかけに爆発し、貧困層の増大を招くと同時に、「健康保険にさえ、加入できない人々」を大幅に増やしてしまいました。

　特に、アメリカで暮らす上で「健康保険がない」という状況が、どれほど恐ろしいことか。Q10で解説しましょう。

A: 所得格差を表すジニ係数で見ると、主要国の中でもアメリカは0.45と数値が高く、格差が広がっています。リーマン・ショック以降、貧困層は増加し、深刻な状況です。

アメリカの医療保険問題についてくわしく教えてください

ニュースなどでアメリカの医療保険問題が取り上げられることがありますが、問題はどういった点でしょうか。数値をあげながら見ていきましょう。

キーワード
国民健康保険…日本は国民皆保険で、なんらかの形の保険に入ることが義務づけられている。職場単位で編成されている被用者保険に加入していない人が、住民登録のある市区町村で加入する健康保険

極端に高いアメリカの医療費は、対GDP比で日本の2倍

　アメリカの医療問題について、まずは数字を見てみましょう。

　1981年からの30年間で、アメリカの個人消費は5.4倍になりました。それに対し、**医療サービス費は8.7倍**です。医療サービス費用は個人消費の中に含まれますので、ある意味で「医療サービス費用が、アメリカの個人消費をけん引した」といえないこともないわけです。

　また、前述の通り、アメリカの家計が医療サービス（ヘルスケア）に支払う金額の割合が支出全体の16.7％（41頁の図8-2参照）と、先進諸国の中では突出して高くなっています。医療サービス費用の「伸び」も高ければ、金額自体も高いというわけです。

　理由は主に2つあります。

　1つ目は、アメリカには**国民健康保険**が存在せず、結果的に家計の自己負担分が高くなってしまうということ。2つ目は、アメリカの医療費そのものが高いということです。

表10-1 アメリカの個人消費・医療サービス費の比較

(10億ドル)

年	個人消費	医療サービス
1981	1,892.40	191.4
	↓ 5.4倍	↓ 8.7倍
2010	10,279.60	1,672.10

出典：Bureau of Economic Analysis
※数値はいずれも年率換算。1981年は第1四半期、2010年は第2四半期のデータ

図10-1 主要国の医療費対GDP比率、医療費公的支出対GDP比率 08年

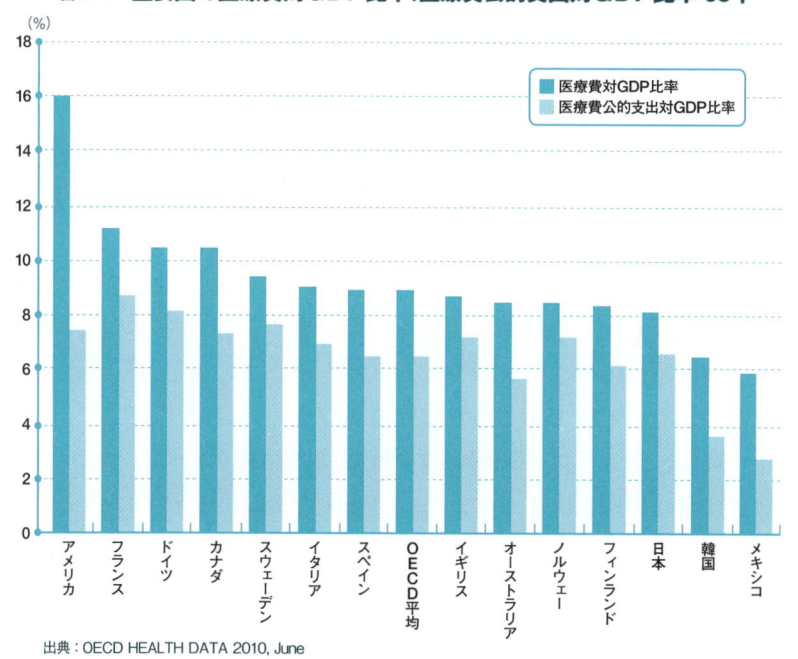

国	医療費対GDP比率	医療費公的支出対GDP比率
アメリカ	16.0	7.4
フランス	11.2	8.7
ドイツ	10.5	8.1
カナダ	10.5	7.3
スウェーデン	9.4	7.6
イタリア	9.0	6.9
スペイン	8.9	6.5
OECD平均	8.9	6.5
イギリス	8.7	7.2
オーストラリア	8.5	5.6
ノルウェー	8.5	7.2
フィンランド	8.3	6.1
日本	8.1	6.5
韓国	6.5	3.5
メキシコ	5.9	2.7

出典：OECD HEALTH DATA 2010, June

アメリカの医療費は、対GDP比で見ても極端に高く、なんと08年数値で16％にも達しています。アメリカの08年の名目GDPは14兆3691億ドルですから、医療費はざっと計算すると、2兆2990億ドル、日本円にしておよそ195兆円になります。

この巨額医療費のうち、政府負担分は対GDP比7.4％にすぎず、残りの対GDP比8.6％分は、アメリカの家計の「自己負担分」ということになります。

ちなみに日本の場合は、医療費は対GDP比で8.1％にすぎず（アメリカの半分です！）、政府負担分が対GDP比6.6％分になります。日本の家計は、対GDP比で1.5％分しか医療費を自己負担していないのです。

アメリカの医療費が高い理由

アメリカの医療費自体が高い理由は、複数あります。1つは、**医療過誤に関する訴訟リスクが高すぎ、医師が高額の医療損害保険に入らなければならない**というものです。

2つ目に、**医療過誤を恐れた医師が「無駄な医療」「過度な医療」を提供しがちになる**という問題もあります。医療過誤を恐れるあまり、医師が本来は不要な検査や治療に走りがちということです。

さらに3つ目として、**アメリカの病院はベッドあたりのスタッフ数が多いことも**、コスト増の一因になっています。もちろん「医療サービス」の質としては、スタッフ数が多い方が高まるのでしょうが、医療費の押し上げ要因であることに間違いはないわけです。

4つ目に、**アメリカの民間保険会社**の問題もあります。アメリカの保険会社は「民間企業」ですから、株主のために「保険料は高く、保険金支払いは低く」という「経営」に走りがちなのです。

歯医者に行けるのは一生に4回まで？
民間保険制度のあ然とする条件

アメリカの民間健康保険制度は、本当に困ったシステムです。保険

の種類によって「歯医者に行けるのは、一生に4回まで」「加入した際に妊娠していた場合、出産費用は対象外」などなど、日本人ならあ然としてしまうような条件がついていたりします。しかも、月額保険料が10万円を超えるケースも少なくありません。

　無論、勤務している企業が提供してくれる健康保険に加入できる「幸運なケース」もあります。しかし、名の知れた大企業でさえ、健康保険を社員に提供していない、あるいは高額すぎて社員が加入できないこともあるため、アメリカ人として生きるのは本当に大変です。

　前述の通り、アメリカには日本のような「国民健康保険」はありませんので、企業の保険に入れないほとんどの人たちが、民間の健康保険に加入します。

　また、民間の保険に入れない低所得者層のために、国家が提供するメディケイド（低所得者医療制度）があります。もちろん、メディケイドに加入するためには、収入や財産に条件があります。

　オバマ政権がヘルスケア改革に懸命になるのは、以上のような事情があるわけです。10年3月23日に、オバマ大統領は、今後10年間で3000万人の無保険者を解消することなどを盛り込んだ「医療保険改革法案」に署名しました。しかし、実際に無保険者を解消するには、膨大な予算（今後10年間で、約9400億ドル。日本円にして約80兆円）が必要になります。はたして順調に無保険者の解消が進むかどうか、いまだ全く予想がつかない状況といえます。

> アメリカは医療費が高く、日本の国民健康保険のような制度がないため、個人が払う医療費も高くなっています。オバマ大統領が打ち出した医療保険改革法案が功を奏すかは全く予想できません。

第 1 章　アメリカ　サブプライム危機、リーマン・ショック後の行方

金融危機を経て、世界経済におけるアメリカの位置づけはどう変わっていきますか？

Q11

世界同時不況の波がおそってきて、2年が過ぎ、世界経済の中でアメリカのポジションはどう変わったのでしょうか。見てみましょう。

キーワード
国際収支…一定期間の国・地域の海外との経済取引の記録
キャリートレード…金利の安い国で資金調達し、高金利の国に投資し、金利差を稼ぐ取引

08年までの世界経済の潮流は、グローバル・インバランスの拡大！

　02年から07年もしくは08年まで続いた「世界経済の潮流」をひと言で表現すると、それは「グローバル・インバランスの拡大」になります。グローバル・インバランスとは、「**経常収支黒字の国は、ひたすら黒字を膨らませ、経常収支赤字の国は、ひたすら赤字を膨らませる**」という現象です。

　国際収支（経常収支など）と対外資産・対外負債の関係を書いておきます。**経常収支の黒字は対外純資産の増加であり、経常収支の赤字は対外純負債の増加**になります。

　アメリカは長年、世界最大の経常収支赤字国を続けていますので、対外負債が年々積み重なっているわけです。結果、アメリカの対外負債は09年末時点で21兆1169億ドルにも達しています。

　本来、経常収支黒字国は通貨高（日本の場合は円高）になりがちであるため、「輸出減、輸入増」により黒字幅が次第に縮小していきます。

52

図11-1 世界の経常収支推移 00-09年

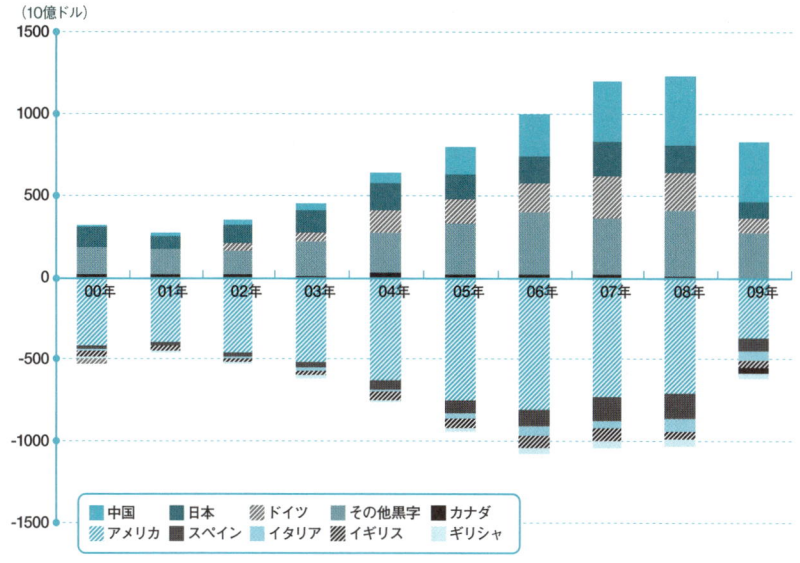

(10億ドル)

凡例: 中国／日本／ドイツ／その他黒字／カナダ／アメリカ／スペイン／イタリア／イギリス／ギリシャ

出典：IMF

逆に、経常収支赤字国は通貨安により「輸出増、輸入減」となり、赤字幅が年々縮小していくことになります。最終的には、経常収支黒字国は黒字幅が、赤字国は赤字幅が縮小し、世界全体の経常収支が「バランス」していくわけです。

ところが、21世紀初頭からこの「バランス」が働かなくなっていました。**経常収支黒字国は黒字を増やし、赤字国は赤字を増やす。すなわち、対外純資産国は対外資産をひたすら積み上げ、対外純負債国は対外負債を延々と増大させていくという状況が続いた**のです。経常収支のバランスが働かない、すなわち「グローバル・インバランス」です。

経常収支黒字国の黒字はひたすら増加し、赤字国の赤字は際限なく拡大

07年まで続いた「世界同時好況」の大もとには、このグローバル・インバランスの拡大が存在していました。日本や中国、それにドイツ

などの経常収支黒字国の黒字はひたすら増加し、逆にアメリカや（ドイツを除く）欧州の赤字は際限なく拡大していったのです。

特に、アメリカの経常収支赤字はすさまじいとしか表現のしようがありません。02年には、なんとアメリカ一国の経常収支赤字で、世界全体の8割を占めていたのです。

アメリカの経常収支赤字は、その後、不動産バブル醸成と共に拡大していきました。アメリカの経常収支赤字とは、要するに「貿易赤字」です。不動産バブルが拡大され、ホームエクイティローンなどにより家計が個人消費を拡大し、その分だけアメリカの輸入は増加していったわけです。ちなみに、ホームエクイティローンとは、住宅価格が値上がりした含み益で新たな借り入れを起こし、リフォーム、医療費、教育費などに使うローンのことです。

本来であれば、ここまでアメリカが経常収支赤字や対外負債を増加させた以上、**ドル安によりアメリカの輸入が減少し、逆に輸出は増加するはずでした。**

バランスしなかった理由とは？

ところが、現実にはアメリカは08年まで極端な経常収支赤字を続け、他国からの輸入を受け入れ続けました。それが「可能だった」理由は、主に3つあります。

1つ目は、そもそも**ドルが世界の基軸通貨**（国際貿易の決済や金融取引の基軸となる特定国の通貨）であるという現実です。基軸通貨である以上、アメリカはドルを「刷る」だけで、国際決済に使用することができるわけです。

2つ目の理由は、**日本やスイスなどの低金利国の存在**です。アメリカの政策金利は、通常は日本などよりも3％以上高くなっています。結果的に、日本などから低金利マネーを借り、「ドル経由」で高金利国に投資するキャリートレードが爆発的に流行しました。

キャリートレードの特徴として、低金利国の為替レートが安くなっ

ていくというものがあります。結果として、日本などの低金利国の通貨は「安く」、逆にアメリカドルは「高く」なっていったわけです。

　さらに、3つ目の理由ですが、日本は03年および04年の2年間、大々的に**為替介入を実施**しました。この時期は、アメリカがITバブル崩壊後の不況突入を回避するため、金利を大幅に引き下げていたのです。結果、日米の金利差がわずか1％に迫り、キャリートレードが成り立たず、日本円の対ドルレートが1ドル100円を切るところまで高騰しました。円高を受け、日本政府（厳密には財務省）が総額30兆円の為替介入を行い、1ドルが100円を切ることを「防いだ」わけです。

　ドルが本来あるべき水準よりも高く維持された結果、アメリカの貿易赤字は拡大を続け、日中独などの輸出国を大いに潤したわけです。

　とはいえ、金融危機を経てアメリカの購買力は激減しました。もともとが不動産バブルに依存した購買力拡大であったため、当たり前といえば当たり前なのですが…。今後の世界経済は、はたしてどのような形で成長していくのでしょうか。

　そもそも、これまで通り**世界全体が同時に成長していくことが可能なのかどうか、現時点では全く不明**です。

　アメリカが再び世界経済のけん引車となるには、少なくとも家計の負債残高が再び拡大に向かわなければなりません。最新データを見る限り、いまだにアメリカの家計の負債残高は減少を続けています。

> **A** 金融危機を経て不動産バブルに依存したアメリカの購買力は激減。けん引役の個人消費はいまだ回復していないので、今後のアメリカのポジションは先行き不透明です。

1章のポイント

✓ リーマン・ショック以降、アメリカの景気は回復基調にありますが、GDPの内訳を見ると、政府の景気対策が主力で、はなはだ心もとない回復となっています。世界同時好況のけん引役である個人消費は、負債の返済に注力していて完全に回復していません。

✓ アメリカはGDP比で見ると輸出大国でも輸入大国でもありません。とはいえ、絶対額で見ると、輸入が世界首位、輸出が世界第3位。09年時点でも輸出は1兆ドルの規模です。オバマ大統領の「輸出倍増」目標が実現すれば、新たな1兆ドルの輸入をどこかの国が引き受けなくてはなりません。今後の世界は、輸入を他国に押し付けあう保護主義化が懸念されます。

✓ 不動産業が主流のアメリカで、不動産バブル崩壊後の住宅価格は、政府の住宅購入支援策で09年1月に底を打ったかのように見えます。しかし、10年の最新データを見ると、住宅価格は上昇と下降を繰り返しており、失業率も高いことを考えると、今後は下落傾向になる可能性が高いでしょう。

✓ 所得格差を測る指標・ジニ係数で見るとアメリカは0.45と先進国の中でもっとも高く、所得格差が広がっています。最新の国勢調査によると、現在のアメリカは7人に1人が貧困層とされ、深刻な状況です。

第2章 欧州

世界同時不況が直撃！ 黄昏の欧州は立ち直れるのか

アメリカの金融危機をもろに受けた欧州の国々。ニュースで流れてくるのは、アイスランドの破綻、ギリシャ、スペインの財政危機、そして、アイルランドの破綻などネガティブなものばかりです。リーマン・ショックから2年半を経て、景気回復に向かっている国はあるのでしょうか。不景気にあえいでいる国はどのような問題で苦しんでいるのでしょうか。「欧州合衆国」の夢に向かって作られたEU、そしてユーロ圏は、不景気にあえぐ国々にとってどのような存在なのでしょうか。欧州が抱える問題を見ていきましょう。

Q12 ユーロ導入の目的はなんですか？

欧州でユーロが導入されたのはなぜでしょうか。共通通貨の発想はナポレオン時代に遡ります。99年から本格始動したユーロの思想は以外に古いのです。

キーワード
ユーロ…欧州連合における経済通貨同盟で用いられている通貨。23の国で使用されている。この23カ国のうち17カ国が欧州連合加盟国
汎スカンディナヴィア主義…北欧諸国、特にノルマン人の連帯と統一を目指す思想運動

共通通貨の発想は、ナポレオンの時代から

ユーロとは、そもそもドルや円と同じように「通貨」の名称です。現在、欧州の23の国・地域により採用されています。

実は、欧州で「共通通貨を持とう」という発想は、かなり古くからありました。1804年にフランス皇帝となったナポレオン・ボナパルトは、「私は全ヨーロッパが単一通貨を持つことを望む。そのことは貿易をはるかに容易にするだろう」と述べています。

また、1873年には汎スカンディナヴィア主義に基づき、スウェーデンとデンマーク（のちにノルウェーも参加）がスカンディナヴィア通貨同盟を結成しました。当時の北欧諸国は、金本位制に基づく通貨統合を志向し、統一通貨クローネを導入したのです。

さて、北欧のスカンディナヴィア通貨同盟の崩壊以降、85年ぶりに欧州に登場した共通通貨ユーロですが（ユーロは1999年1月1日に決済用通貨として導入を開始）、目的はナポレオンの言葉そのままです。すなわ

表12-1 欧州圏のユーロ導入状況

国	導入年 決裁通貨	導入年 現金	EU加盟国か否か
アイルランド	1999	2002	EU加盟国
イタリア	1999	2002	EU加盟国
オーストリア	1999	2002	EU加盟国
オランダ	1999	2002	EU加盟国
スペイン	1999	2002	EU加盟国
ドイツ	1999	2002	EU加盟国
フィンランド	1999	2002	EU加盟国
フランス	1999	2002	EU加盟国
ベルギー	1999	2002	EU加盟国
ポルトガル	1999	2002	EU加盟国
ルクセンブルク	1999	2002	EU加盟国
ギリシャ	2001	2002	EU加盟国
スロベニア	2007	2007	EU加盟国
キプロス	2008	2008	EU加盟国
マルタ	2008	2008	EU加盟国
スロバキア	2009	2009	EU加盟国
エストニア	2011	2011	EU加盟国
アンドラ	1999	2002	EU非加盟国
サンマリノ	1999	2002	EU非加盟国
バチカン	1999	2002	EU非加盟国
コソボ		2002	EU非加盟国
モナコ	1999	2002	EU非加盟国
モンテネグロ		2002	EU非加盟国

出典：Wikipedia
※アミカケの国は「ユーロ圏」と呼ばれている

ち、欧州圏内の貿易や決済を「はるかに容易にする」ことというわけです。

欧州諸国が共通通貨ユーロを導入する目的ですが、国や企業が為替レート変動のリスクから解放されます。また、ユーロ経済圏の中で製品やサービス、それに資本や労働力の移動を活発化させることで、より高い経済成長を見込むことができるわけです。

さらに大きな目的としては「欧州合衆国」という夢の追求になります。68年の欧州関税同盟の結成以降、欧州の実体経済や政治の統合が欧州の政治家や官僚の「夢」になっていたわけです。この「夢」の根っこを探ると、間違いなくローマ帝国に行き着きます。欧州の政治家や官僚が夢見ているのは、通貨や政治体制が1つに統合されていたヨーロッパ、すなわちローマ帝国の再建というわけです。

ユーロ導入の目的は、欧州圏内の貿易や決済を容易にすることです。国や企業は為替レート変動のリスクから解放され、資本や労働力の自由な移動で高い経済成長を見込めるのです。

第2章 欧州 世界同時不況が直撃! 黄昏の欧州は立ち直れるのか

Q13 共通通貨・ユーロに統一することで、システム的にむずかしいことはありますか?

共通通貨としてユーロを導入するにあたって、どういう仕組みを作っているのでしょうか。また、各国にまたがる共通通貨システムのむずかしさも見てみましょう。

キーワード
ECB（欧州中央銀行）…ユーロ圏17カ国の金融政策を担う中央銀行

ユーロ加盟国は自国単独では金利の調整や決定ができない！

　共通通貨ユーロは不換紙幣（本位貨幣たる金貨や銀貨との交換が保障されていない紙幣のこと。国家や政府の信用で流通するお金であることから信用紙幣と呼ばれることも）です。つまり、ユーロ紙幣の裏づけとなる金や銀が、どこかの中央銀行に保存されているわけではないのです。

　不換紙幣は「国家や政府の信用で流通する」お金ともいえるのですが、ユーロの場合は、この「国家や政府」が複数存在するため、信用を維持するために独特の仕組みを導入せざるを得ませんでした。

　ちなみに、ユーロ紙幣の発行は、別に「選ばれたどこかの国」のみが実施しているわけではありません。すべてのユーロ加盟国はユーロ紙幣を発行できるのです。ユーロ紙幣の記番号の先頭文字を見ると、どこの国で発行されたユーロ紙幣であるかがわかるようになっています。それぞれの国がユーロ紙幣を発行できる以上、先に書いた「独特の仕組み」なしでは、不心得な国が勝手にユーロを大量増刷するといった事態を招きかねません。不心得な国の暴走の結果、他のユーロ加盟国の国民が、自分たちとは無関係な理由で過度なインフレに叩き込

図13-1 欧州主要国の財政収支対GDP比率の推移 00-09年

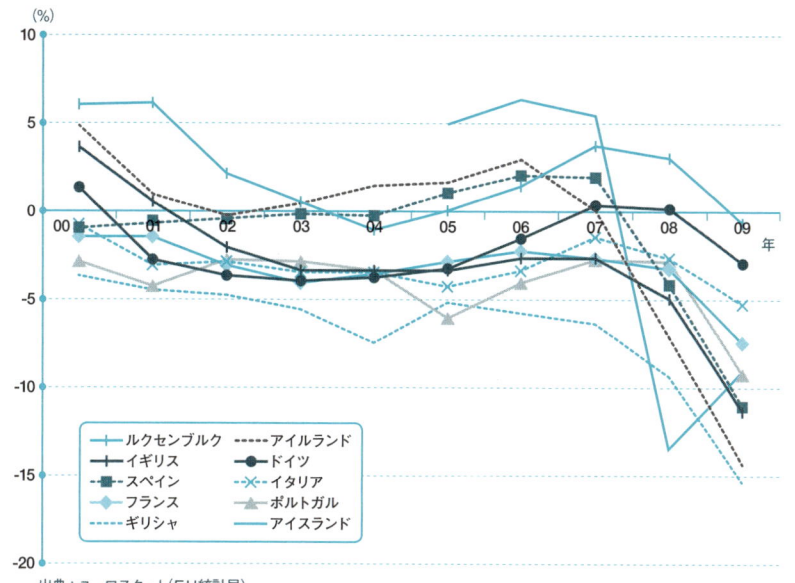

凡例：ルクセンブルク、アイルランド、イギリス、ドイツ、スペイン、イタリア、フランス、ポルトガル、ギリシャ、アイスランド

出典：ユーロスタット（EU統計局）

まれ、ユーロ経済圏全体が大混乱に陥る可能性すらあります。

　この種の事態を防ぐために、ユーロ加盟国は主に2つの仕組みを構築し、ユーロ紙幣の信用が崩壊することを防止しているわけです。

　1つ目の「独特の仕組み」は、中央銀行の「機能」について、各国が**ECB**（欧州中央銀行）に委譲していることです。すなわち、**ユーロ加盟国は、自国単独では金利の調整や決定ができない仕組みになっている**のです。別のいい方をすると、ECBは全ユーロ加盟国の金融政策を一手に担っていることになります。

ユーロ加盟国は、財政赤字を対GDP比で3％以内に抑えなければならない

　ECBはドイツ連邦銀行をモデルに設立され、本店もドイツのフランクフルトに置かれています。ECBの目的は、ユーロ圏全体における物価上昇率、すなわちインフレ率の安定です。

　日米などの独自通貨国では、政策金利を決定する、あるいは長期国

債を買い取り、金利を調整する機能は、自国の中央銀行が持っています。もちろん、中央銀行の独立性はある程度確保されていますが、それにしても「自国の中央銀行」であることに違いはないわけです。すなわち、日本銀行は日本国家のために、FRB（米連邦準備制度理事会）はアメリカ合衆国のために金融政策を実施します。

　それに対し、ECBは「ユーロ圏」の中央銀行です。**ユーロ加盟各国の勝手な都合で政策金利を変動させる、または国債を買い取ることはできません。**あくまで「ユーロ全体」の物価安定と経済成長を目的としてしか動けないのです。この事実が、後にとんでもない危機を引き起こすことになりました。

　さて、ユーロを成立させている2つ目の仕組みですが、それは財政の均衡です。すなわち、**政府の歳出と歳入に関する均衡状態を保つことが、ユーロ加盟国に義務づけられている**のです。もっとも、景気悪化時には経済安定化のために、単年度の財政赤字を対GDP比で3％まで増やすことは認められています。逆にいえば、**ユーロ加盟国は、通貨統合への参加条件として、財政赤字を対GDP比で3％以内に抑え**なければならないわけです。また、政府の累積債務残高（＝政府の負債残高）については、対GDP比で60％を上限として定めています。

　これらの条件、すなわち財政赤字対GDP比率3％以内、累積債務残高対GDP比率60％などを定めた条約を、欧州連合条約と呼びます。あるいは、条約が締結された場所の地名をとり、「マーストリヒト条約」と呼ぶこともあります。

　ご存知の通り、サブプライム危機以降の景気悪化を受け、世界各国の政府は景気対策の財政出動や金融機関への資金注入を拡大しています。もちろん、ユーロ加盟国とて例外ではありません。といいますか、ユーロ加盟国の一部は、他の経済圏の国々と比べてさえ、極端なまでに財政を悪化させてしまったのです。理由は、ユーロ加盟国の一部がアメリカ同様に不動産バブル崩壊に直面し、政府が景気対策や金融機関救済にお金を使わざるを得なくなったためです。

　今や、多くのユーロ加盟国は財政赤字の対GDP比率が2桁に達し

ている状態で、09年は、ドイツでさえ３％枠を守るのがやっとでした。欧州連合条約は、すでに有名無実化していると断言してもかまわないでしょう。

金融政策は統合、財政政策は非統合のシステムでは危機に対応できない

　もともと、「金融政策は統合、財政政策は非統合」というシステム自体に無理があったのです。たとえば、失業率が２桁に達しているような国が、マーストリヒト条約を守るために財政支出を絞り込んでしまった日には、さらなる景気悪化を招き、普通に政権が崩壊してしまいます。

　財政出動を拡大し、国債を増発すると、普通は長期金利が次第に上がってきます。長期金利が上昇すると、日米などの独自通貨国は中央銀行が国債を買い取り、金利を抑制することになります（その分、インフレ率は上がります）。ところが、ユーロ加盟国の場合は、この「国債を買い取り、金利を抑制する」機能を各国とも所有していないのです。

　ユーロ圏で国債買取りの機能を持つのは、ECBだけです。そして、ECBは「ユーロ圏」の中央銀行であり、各国の勝手な都合で国債を買い取るわけにはいきません。**金融政策は統合しているにもかかわらず、財政政策は各国まかせという矛盾**が、ユーロのシステムのむずかしさであり、今回の欧州危機の根本的な原因なのです。

ユーロ加盟国は、自国単独では金利の調整や決定ができない仕組み。国債を買い取り、金利を抑制することができないので、危機に対応するのが大変むずかしくなっています。

第2章　欧州　世界同時不況が直撃！　黄昏の欧州は立ち直れるのか

Q14 欧州がサブプライム危機で大打撃を受けたのはどうしてですか？

アメリカ国内のサブプライム問題が欧州を直撃したのは、アメリカがサブプライムローンを含む証券化商品を輸出していたからですが、他にも理由はあるのでしょうか。

キーワード
タックスヘイブン…租税回避地。企業に対する税金が免除される、もしくは軽減される国や地域
評価損…有価証券（株式、証券化商品など）の時価が減じた際の差額

隠蔽されてしまった欧州の金融機関の評価損

　欧州諸国は今回のサブプライム危機で、国民経済に多大なダメージを受けました。その理由は、もちろん1つではありません。順番に解説していきましょう。

　1つ目は、そもそもの発端である**アメリカのサブプライムローンを含む証券化商品を購入していたのが、欧州の金融機関が多かった**という点です。欧州の金融機関は、ある意味でアメリカから危険な債権のリスクを、体よく押し付けられていたということになります。

　図14-1の通り、アメリカが発行した証券化商品の大半を欧州地域だけで引き受けていたのです。さらに、カリブ諸国というのは、イギリスやユーロ圏の金融機関が、タックスヘイブンとして利用していた国々がほとんどです。すなわち、**事実上の欧州系といえるカリブ諸国分も合わせると、アメリカ発行の証券化商品の8割以上を、欧州が保有している**ことになります。

図14-1 アメリカ発行証券化商品の地域別保有残高 09年7月末時点

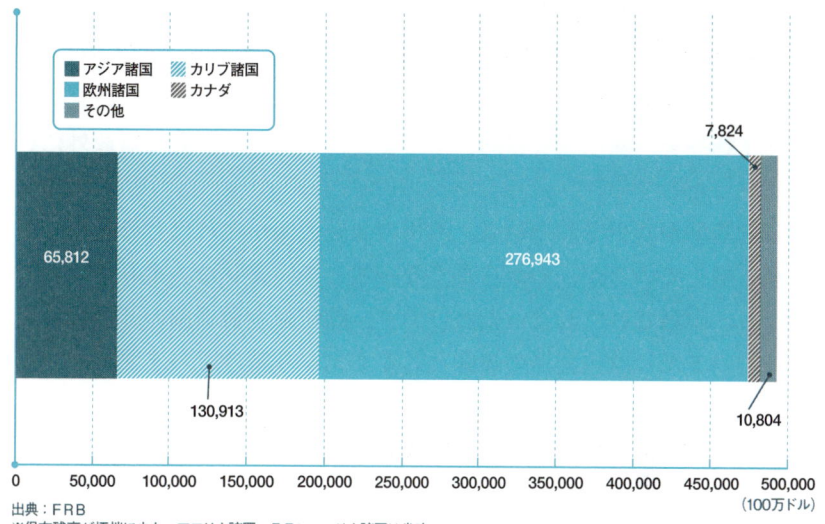

- アジア諸国
- 欧州諸国
- その他
- カリブ諸国
- カナダ

65,812
130,913
276,943
7,824
10,804

(100万ドル)

出典：FRB
※保有残高が極端に少ないアフリカ諸国、ラテンアメリカ諸国は省略

図14-2 欧州諸国の住宅価格上昇率と緩和的な金融環境 99-08年

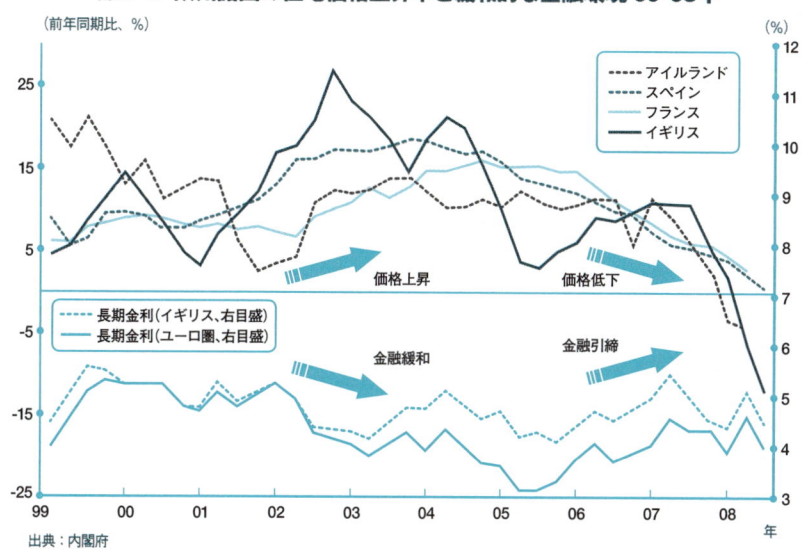

（前年同期比、％）　　　　　　　　　　　　　　　　（％）

- アイルランド
- スペイン
- フランス
- イギリス
- 長期金利（イギリス、右目盛）
- 長期金利（ユーロ圏、右目盛）

価格上昇 → 価格低下
金融緩和 → 金融引締

出典：内閣府

07年7月のムーディーズによる一斉格下げ以降、アメリカの証券化商品の時価は暴落しました。本来であれば、その後の欧州の金融機関は、証券化商品に関する莫大な評価損を計上せざるを得ませんでした。ところが、EU（欧州連合）は、リーマン・ショック後の08年11月に、証券化商品を「満期保有目的」にすることで、時価評価の対象外にしてしまったのです。

　会計基準が変更された結果、欧州の金融機関がどれほどの規模の評価損を抱えているか、わからなくなってしまいました。より率直にいうなら、隠蔽されてしまったわけです。欧州系金融機関の評価損の実態は、いまだに欧州経済の爆弾としてくすぶり続けています。

欧州も不動産バブルで沸いていた

　サブプライム危機が欧州を直撃した理由の2つ目は、ドイツなどの一部の例外を除き、アメリカ同様に不動産バブルに沸いていた国が少なくなかったことがあげられます。

　特に、アイルランドやスペインの不動産価格は、所得水準から考えるとあり得ない水準にまで高騰しました。

　たとえば、スペインで住宅価格を高騰させていたのは、必ずしもスペイン人ではありませんでした。所得水準の高いドイツ人や北欧人が、投機や別荘目的でスペインの住宅市場における投資を拡大し、住宅価格が高騰したのです。

　アメリカにしろヨーロッパにしろ、06年以降に弾けた不動産バブルは、国内ではなく「海外マネー」に依存した部分が強かったのです。そういう意味で、国内の過剰流動性が不動産バブルをもたらした日本のケースとは、全く様相が異なります。

グローバル化がサブプライム危機を世界に伝播させた！

　ところで、ドイツなどの海外マネーが流れ込んだのは、スペインな

どの不動産バブル国だけに限りません。金利の高いバルト三国や東欧諸国にも、西欧からの投資が流れ込み、各国の経済成長率向上に貢献しました。

具体的にいえば、バルト三国や東欧諸国は、ドイツ資本の工場を建設し、同じくドイツから資本財を購入し、個人消費が絶賛拡大中のアメリカへ耐久消費財（自動車、家電など）の輸出を増やすことで高成長を遂げたのです。

さらに、所得がアップしたバルト三国や東欧の国民も、スウェーデンやオーストリアなどから融資を受け、住宅投資などの内需を拡大していきました。ちなみに、なぜ、スウェーデンやオーストリアがバルト三国や東欧に融資をしていたかというと、これらの国の銀行が預金の「運用先不足」に悩んでおり（他の先進国も同じですが）、バルト三国や東欧といった「金利が高い新興経済諸国」に目をつけたからです。

アメリカの不動産バブル崩壊で、成長の柱であった輸出が崩壊し、バルト三国や東欧諸国は、前代未聞ともいえる景気の悪化に直面しています。景気悪化がもっともすさまじいバルト三国の1つ、ラトビアは、失業率がなんと一時的に25％に近づきました。失業率25％とは、世界大恐慌時のアメリカとほぼ同じ水準になります。

東欧やバルト三国の経済モデルが崩壊した結果、これらの国々にお金を提供していたスウェーデンやオーストリアも、大きなリスクを抱えてしまいました。

今回のサブプライム危機には、グローバル化が進んでいたがゆえに、次々に危機が伝播していくという特徴がはっきりと見られるのです。

> 欧州がサブプライム危機の打撃を受けたのは、アメリカの個人消費に支えられたドイツなどが欧州の国々に投資をし、投資を受けた国もアメリカに輸出し、利益を得ていたからです。

Q15 EU加盟国で財政危機にあるのはどこの国ですか？

欧州の危機の中でも財政危機にさらされている国はどこでしょうか。そして、財政危機にいたったのはどうしてでしょうか。見ていきましょう。

キーワード
PIGS…08年から侮蔑的な意味を込めて欧米の報道で使用されるようになった、ポルトガル、アイルランド（あるいはイタリア）、ギリシャ、スペインのこと
純輸出…輸出から輸入を引いた海外需要のこと

EUの破綻予備軍の多くは、政府が財政危機

　まず、はじめに頭に入れておいて欲しいのですが、「国家経済の破綻」とは、必ずしも「政府のデフォルト（債務不履行）」や「政府の財政破綻」を意味しません。民間の金融機関が対外負債について債務不履行を起こすことも、立派な（？）「国家経済の破綻」です。

　具体的に書くと、アイスランドです。08年10月に破綻したアイスランドは、政府ではなく、民間の金融機関が対外負債のデフォルトを起こし、「破綻認定された」わけです。

　とはいえ、現在、マスコミをにぎわせているEUの破綻予備国の多くは、政府の財政が問題になっています。すなわち、政府の財政危機というわけです。

　たとえば、アイルランドは不動産バブル崩壊で、政府が国内の銀行に莫大な資金を注入しなければならなくなりました。ところが、アイルランド政府にはお金（ユーロ）がなく、海外から借りることも困難

図15-1 国際収支とGDP／GNIの関係

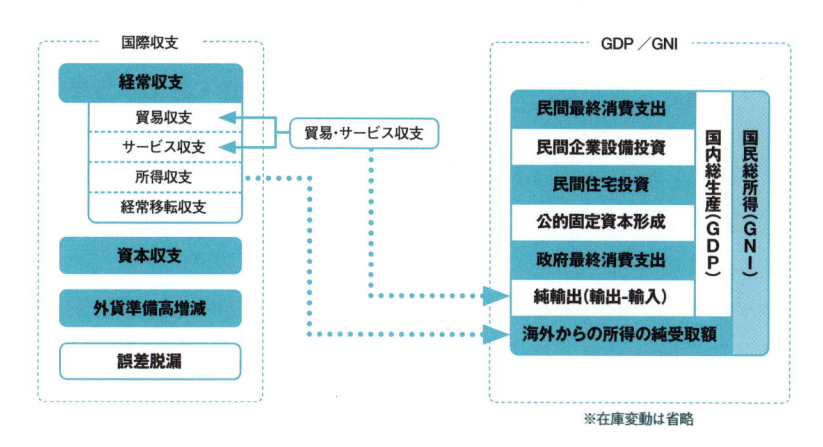

国際収支
- 経常収支
  - 貿易収支
  - サービス収支
  - 所得収支
  - 経常移転収支
- 資本収支
- 外貨準備高増減
- 誤差脱漏

貿易・サービス収支

GDP／GNI
- 民間最終消費支出
- 民間企業設備投資
- 民間住宅投資
- 公的固定資本形成
- 政府最終消費支出
- 純輸出(輸出-輸入)
- 海外からの所得の純受取額

国内総生産(GDP)
国民総所得(GNI)

※在庫変動は省略

になり、最終的にIMF、EUに支援要請をせざるを得なくなったわけです。

さて、欧州で財政破綻の危機が表面化しているのは、事実上、破綻したギリシャ（10年5月破綻）、アイルランド（10年10月破綻）、さらにスペイン、ポルトガルなどのユーロ加盟国と、ラトビアやリトアニア、それにハンガリーなどの東欧諸国になります。

ポルトガル、アイルランド、ギリシャ、スペインなどの4カ国を、まとめてPIGS（ピッグス）などと呼んだりします。PIGSとは「豚たち」という意味になりますから、ひどい呼び方もあったものです。

さて、PIGS諸国は4カ国ともそろって経常収支赤字国です。実は、経常収支赤字国とは「国内が貯蓄不足」であるということをも意味しているのです。図15-1を見てください。

PIGS諸国の財政危機はユーロ加盟国ゆえだ！

GDPとは簡単に書くと、消費＋投資＋純輸出になります。さらに、GDPに海外からの所得の純受取額（＝所得収支）を加えたものをGNI（国

民総所得)と呼びます。そして、経常収支とは純輸出(国際収支上の貿易・サービス収支)と所得収支および経常移転収支の合計です。すなわち、GNIは「＝消費＋投資＋経常収支」として計算されることになります。

ところで、GNIすなわち国民の総所得から消費を差し引いたものこそが「貯蓄」ですから、式を変形させて「経常収支＝貯蓄−投資」として表現することができるわけです。

すなわち、**経常収支が黒字の国は「過剰貯蓄もしくは投資不足」**（まさに、現在の日本です！）、**赤字の国は「貯蓄不足もしくは過剰投資」**ということになります。

経常収支赤字国、すなわち貯蓄不足が問題になるのは、政府が国債を発行する場合です。なにしろ、国内の貯蓄が不足しているわけですから、政府は主に海外投資家に国債を販売し、財政出動などのための原資を得なければならないのです。

本来であれば、**極端な経常収支赤字国は「通貨が下落」し、次第に赤字幅が解消されていきます。**結果、国内がそれほど極端な貯蓄不足になることもなく、いずれは経常収支も「バランス」するはずなのです。

ところが、PIGSなどのユーロ加盟国は、どれだけ経常収支の赤字を積み重ねても、「自国通貨が一方的に下落する」局面を迎えることはありませんでした（共通通貨なのですから、当たり前です）。

結果、本来あるべき水準を越えて、経常収支の赤字が拡大してしまったのです。その分だけ国内の貯蓄不足も深刻化し、各国の政府はますます海外投資家に国債消化を依存するようになりました。

さらに、Q13で説明した通り、ユーロ加盟国は金利調整の機能をECBに委譲してしまっています。各国が海外投資家に国債を増発し、金利が上昇していった場合、これはもう「どうにも対処しようがない」ことになります。PIGS諸国が現在苦しむ財政危機は、まさしく「ユーロ加盟国」だからこそ起き得た危機なのです。

ラトビアの危機も
ユーロが原因

　それに対し、ラトビアなどが陥っている「財政危機」は、ユーロ加盟国とは若干構造が異なります。ラトビアやリトアニアはユーロ加盟を国家目標としており、自国通貨を「対ユーロ固定相場」にしています。いわゆる「ユーロ・ペッグ」です。

　たとえば、ラトビアの景気が極端に低迷し、外国資本が引き上げられた場合に、本来であれば通貨ラッツが下落していくはずです。ところが、ラトビアは国家目標としてユーロ・ペッグを維持しなければならず、外貨準備（政府保有の対外資産）でラッツを買い支えなければならないのです。

　実際、ラトビアは国内のバブル崩壊と、ずさんな審査に基づく不良債権の存在が明らかになり、外資が一斉に引き上げるキャピタルフライトが進行しました。アメリカの需要縮小により、主力の輸出製造業もガタガタになり、09年の実質GDP成長率は、なんとマイナス18％に終わったのです。

　ラトビアがユーロ・ペッグを止めてしまうと、ラッツが対ユーロで暴落し、あっという間に同国政府はデフォルトに追い込まれてしまうでしょう。「ユーロ」はユーロ加盟国以外の国さえも、様々な形で苦しい立場に追い込んでいるわけです。

> **A** EU加盟国で財政危機にあるのは、PIGS諸国、ラトビア、リトアニア、ハンガリーなどの東欧諸国です。

第2章　欧州　世界同時不況が直撃！　黄昏の欧州は立ち直れるのか

EUの経済回復は可能なのでしょうか？

Q16

PIGS諸国、ラトビア、リトアニアの危機は、ユーロが絡んでいるからこそだとQ15で述べました。それではEU全体での経済回復は可能なのか、見ていきましょう。

キーワード
変動相場制…為替レートを外国為替市場における需給に任せて自由に決める制度

お金を受け取った方が輸出、支払った方が輸入

　09年の実質GDP成長率が極端に悪化しているバルト三国の中で、エストニアが11年1月にユーロに加盟しました。また、残りの2カ国もユーロ加盟を国家目標に掲げ、自国通貨のユーロ・ペッグを継続しています。すなわち、**これらの国々はどれだけ景気が悪化しても、自国通貨を対ユーロで大きく切り下げることはできないのです。**

　また、PIGS諸国は、いずれもユーロ加盟国です。各国の経済がどれほど悪化しても、「通貨が暴落する」局面を迎えることはありません。無論、PIGS諸国の危機が表面化して以降、共通通貨「ユーロ」は他通貨に対して下落しています。しかし、ポルトガル、アイルランド、ギリシャ、スペインなどのPIGS諸国の通貨が「対ユーロ」で下落することは、決してないのです。

　たとえば、観光で有名なA国の通貨「1タック」が1ユーロだったとします。すなわち、100タックが100ユーロというわけです。

　A国の経済危機をきっかけに、通貨タックが暴落しました。今や、2タックが1ユーロになっています。通貨タックの価値が、対ユーロ

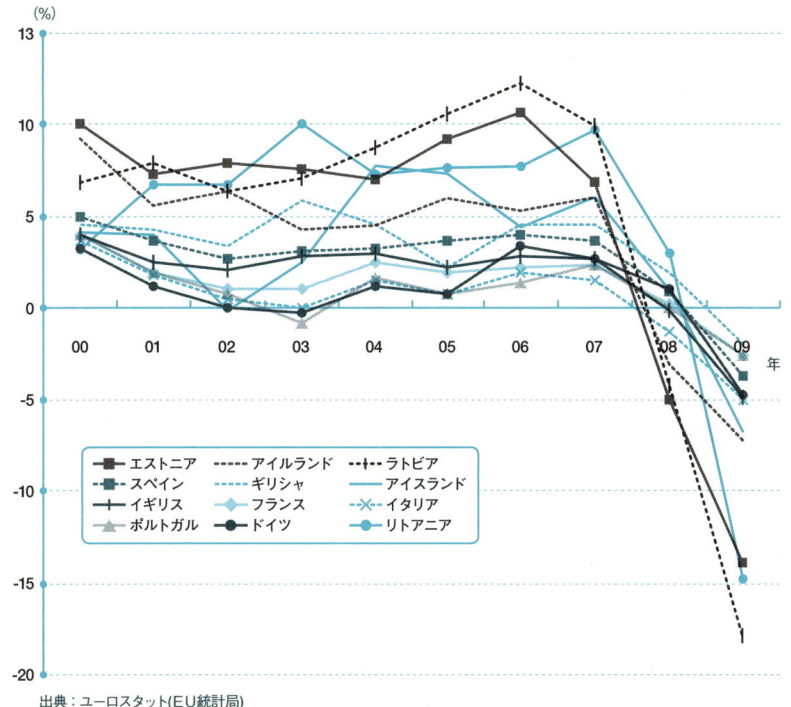

図16-1　EU主要国の実質GDP成長率 00-09年

出典：ユーロスタット(EU統計局)
※アイスランドはEU加盟国ではないが、参考までに含めた

で半減したということです。これは、ユーロ圏諸国の人々からしてみれば、A国における購買力が2倍に高まったことを意味します。すなわち、A国に観光に行くと、同じサービスの場合であっても以前の半額になってしまうのです。ユーロ圏諸国からA国への観光客は、急増するでしょう。

　他国からの観光客の増加は、国際収支上では経常収支の中の「サービス収支の黒字」になります。すなわち、A国の場合は他国に対し「観光というサービスを輸出した」ことになるわけです。**製品にせよ、サービス（他にも医療、教育、運送などがあります）にせよ、国際収支上はお金を受け取った方が「輸出した」、お金を支払った方が「輸入した」**ことになります。

さて、かつてA国は現在のPIGS諸国と同様に、経常収支赤字国でした。結果、対外負債が積み上がり、政府は国内の貯蓄不足から、国債発行を海外市場に頼らざるを得ず、財政危機がうわさされていました。ところが、通貨が下落したことで、ユーロ圏からの観光客が殺到し、サービス収支の黒字が巨額化した結果、経常収支も黒字化しました。

　経常収支の黒字は対外純資産増、国内の過剰貯蓄を意味しますので、同国の財政は次第に健全化していきました。また、経常収支が黒字化した結果、次第に通貨タックは上昇し、かつての水準「1タック＝1ユーロ」に近づきつつあります。

変動相場制下では、為替レートは、経済のスタビライザー

　以上のように、変動相場制の下では、為替レートはその国の経常収支をバランスさせるための機能を果たすわけです。すなわち、経済のスタビライザー（安定化装置）です。経済危機時の通貨暴落も、ある意味でこのスタビライザーが機能し、経常収支を黒字化させるための「通貨安ボーナス」が生まれたと考えることも可能です。

　ところが、現在のPIGS諸国（他のユーロ加盟国も）は、少なくとも対ユーロについては「通貨安ボーナス」が働かないわけです。そのため、どれだけ政府が危機感を抱き、国内の経済を立て直そうとしても、なかなか経常収支黒字路線には向かえません。経常収支が赤字のままでは、結局は国内の貯蓄不足も解消されないということになります。

　結果、ギリシャやアイルランドのように「ユーロ建て」対外負債を支払おうとした際に、緊縮財政により「国民からユーロを搾り取る」以外の方策を見出せないことになります。しかし、バブル崩壊後の緊縮財政は、国民経済を収縮させるだけです。経済成長率が極度に悪化し、財政がますます悪化する悪循環に入ってしまいます。

EUやユーロは「中央政府がない日本やアメリカ」

　独自通貨国であれば、国債金利上昇時に中央銀行が買いオペレーションをすることで、金利水準を抑制できます。経常収支黒字国であれば、そもそも国内が過剰貯蓄であるわけですから、政府は少なくとも「対外負債」の返済に苦慮することはありません。ところが、PIGS諸国は「共通通貨の経常収支赤字国」なのです。

　極度に経済が悪化したバルト三国や、共通通貨システムの問題を凝縮させたようなPIGS諸国を抱える以上、EU経済が「地域全体として」回復する局面は、今後しばらくはあり得そうにありません。なんといいますか、EUやユーロは「中央政府がない日本（あるいはアメリカ）」のイメージがもっとも近いように思えます。中央政府がない分、各国が競争をすることで全体的に成長することも可能でしょう。しかし、いざ危機が深刻化した際には、中央政府が不在であるデメリットが一気に表面化してしまうのです。

　基本的に、EU内やユーロ圏内で各国は「平等」に扱われます。当然ながら、各国の利害関係が衝突する案件について協議を重ねても、結論など出るはずがありません。出たとしても、ずいぶんと時を消化し、下手をすると手遅れになってしまうわけです。

　かつてのローマ帝国のように、欧州統一を夢見る人は次々と出てきましたが、結局「欧州合衆国」は夢のままで終焉を迎えてしまいそうです。

EU経済が回復する局面は、今後しばらくはあり得ないでしょう。PIGS諸国をはじめとするユーロ加盟国は、経常収支を黒字化させるための「通貨安ボーナス」が働かないためです。

第2章　欧州　世界同時不況が直撃！　黄昏の欧州は立ち直れるのか

Q17 ギリシャ危機の原因はなんですか？

日本のマスコミは、ギリシャ危機と日本の"借金"問題を同一視したりしますが、問題の根幹は全く違います。ここでギリシャ危機とはなにかを見ていきましょう。

キーワード
外国人投資家…外国の株式や不動産などに投資をする個人または機関投資家

経常収支赤字は国民1人当たりではアメリカの約3倍

　ギリシャ危機の原因をひと言でいえば、「ギリシャ政府の怠慢と、ユーロのシステム的問題の組み合わせ」になります。別のいい方をすれば、どれほど政府が怠慢であっても、ギリシャがユーロに加盟していなければ、ここまで問題が悪化することはなかったといえます。

　ギリシャの経済規模（GDPの大きさ）は、世界で32番目（09年）です。それにもかかわらず、経常収支の赤字額は世界第6位だったのです。

　経常収支赤字の絶対額ではなく、「国民1人当たり経常収支赤字」で見ると、もっとすごいことがわかります。せっかくなので、絶対額で世界最大の経常収支赤字大国であるアメリカと比較してみましょう。

　表17-1を見てください。なんと、**ギリシャの経常収支赤字は、国民1人当たりではアメリカの3倍近くにまで達している**のです。本来、基軸通貨国でもない、ギリシャ規模の国がここまで経常収支赤字を膨らませることはできないはずです。つまり、ギリシャがユーロに加盟していなければ、為替レートが下落し「輸入はしにくく、輸出はしやすい」状況になり、経常収支の赤字幅が縮小していったはずなのです。

図17-1　主要国の経常収支赤字国ワースト10　09年

凡例：
- アメリカ
- スペイン
- イタリア
- イギリス
- カナダ
- ギリシャ
- フランス
- オーストラリア
- インド
- ポルトガル
- その他

数値（10億ドル）：
- アメリカ：369.8
- スペイン：86.7
- イタリア：52.4
- イギリス：44.7
- カナダ：34.3
- ギリシャ：33.8
- フランス：30.4
- オーストラリア：29.9
- インド：27.5
- ポルトガル：21.7
- その他：265.8

出典：IMF

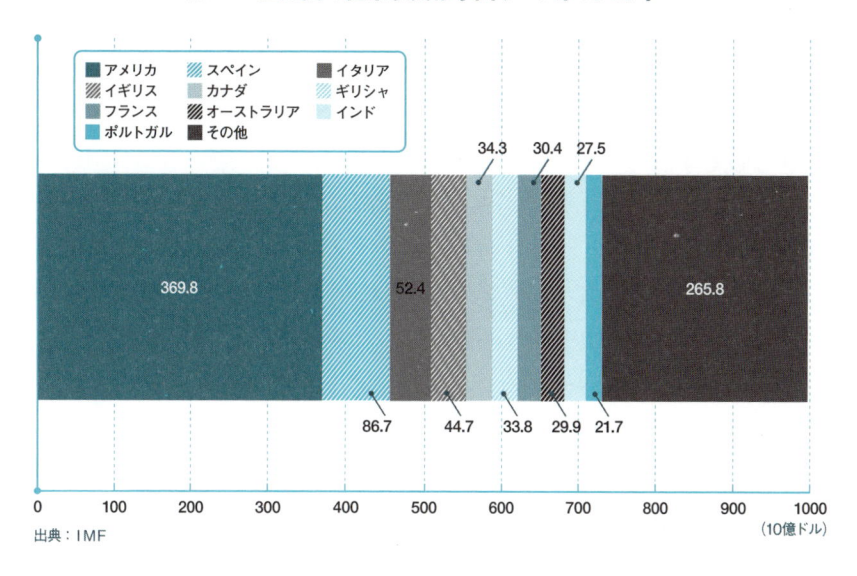

表17-1　アメリカ、ギリシャの経常収支赤字比較　09年

	アメリカ	ギリシャ
年経常収支赤字	約3,700億ドル	約340億ドル
人口	3億737万人	1,116万人
国民1人当たりの経常収支赤字	1,203ドル	3,024ドル

出典：IMF

ギリシャの公務員の比率は労働人口の25％、平均給与は民間の1.5倍

　ところが、ギリシャはユーロ加盟国（01年1月より導入）です。結果、同国は「どれだけ貿易収支が赤字化しても、為替レートが下落しない」という異常な環境下で、ひたすら経常収支の赤字を積み重ねていったのです。ギリシャの経常収支赤字とは、要するに貿易赤字です。ギリシャ国民はユーロに加盟していたおかげで、分不相応な輸入と消費を

楽しんだのです。

　さらに、ギリシャ特有の問題もあります。ギリシャという国は公務員の数が、極端に多いのです。ギリシャは労働人口の25％が公務員といわれています。また、公務員の平均給与は、民間の1.5倍にもなっているのです。

　加えて、年金制度も滅茶苦茶です。なにしろ、OECD（経済協力開発機構）の調査によると、ギリシャの年金受給者は現役時の所得の96％も受け取っているのです（ちなみに日本は36％）。さらに、年金支給開始も58歳と早期です（10年5月以降、ギリシャ政府は、さすがに年金システムの見直しを進めています）。

　これらのお金（公務員給与や年金）は、ギリシャ政府が国民に支払うお金です。とはいえ、税収が十分ではなかったギリシャは「国債を発行」することで年金や公務員給与の原資を得ていました。しかも、ギリシャは経常収支赤字国ですから、国内に過剰貯蓄があふれているわけではありません。ギリシャ政府は「**外国人投資家**」向けに、**自国で金利調整が不可能なユーロ建てで国債を発行せざるを得なかった**わけです。

放漫財政の理由は、強すぎる労働組合

　結果、ギリシャ国債の7割は、外国人に保有されています。つまり、ギリシャ政府は「外国からユーロ建てでお金を借り、国内で公務員給与や年金として支出していた」ということになります。

　この点が日本の場合は、負債の95％を国内の金融機関などから自国通貨建てで借り入れしているので、国家経済が破綻するほどの危機に結びつくことはないのです。歴史的に見ても、政府の債務返済問題でこのパターンが破綻に結びついたことはありません。つまり、マスコミが「日本の財政は数字上、ギリシャ以上に危機的だ」などと、ギリシャの財政危機と日本の"借金"問題を「危機」として一緒にするのは間違っているわけです。

話をギリシャに戻しますと、百歩譲って、外国から外貨建てでお金を借り、国内の経済成長のためのインフラ投資などに費やすならば理解できます。ところが、**ギリシャの場合は、外国から借りたお金を、必ずしも経済成長のためではなく、公務員給与や年金に費やしていた**わけです。

　ギリシャは、なぜこれほどまでの「放漫財政」に陥ってしまったのでしょうか。簡単にいえば、労働組合の力が強すぎるためです。なにしろ、公務員労組と民間最大の労組の２つが動くだけで、ギリシャの全労働者の半分が動いてしまうのです。労組の圧力にさらされ続けたギリシャ政府は、公務員給与削減や年金改革などに動くことができず、結果、外国からの借り入れで公務員給与や年金を支払うという最悪の対応を続けざるを得なかったわけです。

　09年秋頃から、ギリシャの財政は急激に悪化しました。10年に入るや、長期金利が２桁を超え、事実上の破綻を迎えました。ギリシャ政府にお金を貸していたのが、主に欧州系金融機関であったため、危機はユーロ加盟国やEU全域を巻き込む形で伝播してしまいます。

　ギリシャがユーロ加盟国でなければ、より早期に為替レートが暴落し、他国は同国にお金を貸さなくなったでしょう。そして、その方がギリシャ経済の傷は、間違いなく小さくすみました。ギリシャ危機は、まさしくユーロの徒花(あだばな)といっても過言ではないのです。

> **A** ひと言でいえば、政府の怠慢とユーロのシステム的問題です。ギリシャがユーロに加盟していなければ、ここまで問題が悪化することはなかったでしょう。

Q18 ギリシャの財政危機は解決できるのでしょうか？

不見識な日本のマスメディアは、ギリシャ問題について「緊急支援合意」といった楽観論を無責任に垂れ流していましたが、問題はそんな単純なものではありません。

キーワード
長期金利…返済までの期間が長い債権の金利。代表は新発10年国債の金利

問題山積みのギリシャを
ユーロに加盟させたのは大間違い！

　図13-1（61頁）を改めてご覧ください。ユーロ加盟国は財政赤字を対GDP比で「3％以内」に収めるよう、マーストリヒト条約で定められています。ところが、ギリシャにいたっては、ユーロ加盟以来、3％枠を一度も守っていないのです。といいますか、ギリシャは01年にユーロに加盟したのですが、そもそも加盟当初から財政報告を粉飾していた事実が04年に明らかになっています。

　ギリシャの財政危機は、09年10月に新政権（パパンドレウ政権）が旧政権の「粉飾会計」を公表し、09年の財政赤字対GDP比率が13％見込みであることを「暴露」したことから、一気に深刻化しました。なにしろ、それまでのギリシャ政府は、09年の財政収支対GDP比率について「7％程度」と公表していたわけですから、なかなか「派手な粉飾」です。

　そもそも、これほどまでに財政や統計に問題があるギリシャを、ユーロに加盟させたこと自体が間違いであったとしかいいようがありません。少なくとも、04年に粉飾が明らかになった時点で「ギリシャに

図18-1 ギリシャ、ドイツ、日本の長期金利（新発10年国債）推移 08年8月-10年8月

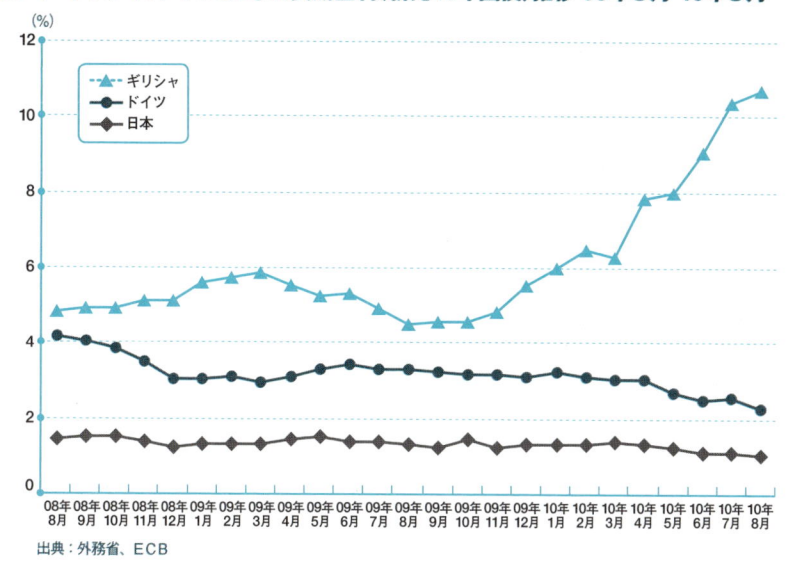

出典：外務省、ECB

ユーロ加盟の資格なし」と、ユーロから切り離していれば、ここまで問題が悪化することはありませんでした。

ギリシャとドイツの金利差は拡大。ユーロのシステムは維持不可能になる！

　図18-1は、ギリシャ、ドイツ、日本の長期金利（新発10年国債）の推移について比較したものです。09年10月に政府の粉飾会計が明らかになって以降、ギリシャ国債とドイツ国債との金利差が、月を追うごとに開いていっていることがわかります。

　国債金利とは、「政府が資金調達する際の資金コスト」です。日本は現在、長期金利が世界最低になっています。これは、世界でもっとも資金調達コストが低い組織体が、日本政府であることを示しています。

　ギリシャの長期金利は、10年7月以降は10％を上回っています。低金利に苦しむ日本国民からしてみれば、うらやましいと思うかもしれ

ません。しかし、金融市場はそれだけギリシャ国債のリスクが高いと考えているわけです。

　ギリシャと同じユーロ加盟国であるドイツの長期金利は、最近は下がり気味で、２％台に接近しています。**共通通貨という「同じ経済圏」を構成していながら、長期金利がこれほどまでにバラバラに動き、金利差が拡大している**わけです。ユーロという現在のシステムが、いずれは構造的に維持不可能になるのは確実だと思います。

ギリシャ支援は政治家にとって高リスク

　日本の不見識なマスコミは、ギリシャ問題について「困難極まる諸条件をクリアし、ユーロ加盟国はギリシャ支援のために大同団結した」などと、現実にはあり得ない「美談的」ストーリーを展開していましたが、現実はそんな生ぬるいものではありません。実際、ギリシャの財政危機ですが、最終的な解決への道筋を描くことは大変困難です。

　なぜならば、ギリシャ国内はもちろん、救済に際してユーロ加盟国の政治問題も絡んでしまい、経済的にはもちろん政治的にも「危機が伝播」してしまうためです。

　たとえば、10年５月９日。ギリシャ危機後、初のドイツ大型地方選挙として注目された、西部ノルトライン・ヴェストファーレン州議会選挙において、メルケル首相が率いる与党は過半数維持に失敗し、敗北してしまいました。

　結果、各州の政権代表からなる連邦参議院（ドイツの上院）で、ドイツの政権与党は過半数割れに陥ってしまったのです。そして、メルケル首相率いる与党敗北の最大の原因が、ギリシャ向けの金融支援決定だったのです。

　ドイツがギリシャに支援をするとは、具体的には「ドイツ政府がユーロをギリシャ政府に貸し出す」ことを意味します。この際に、ドイツ政府が貸し出すお金は「ドイツ国民」のものです。Q17で解説しましたが、今回、ギリシャが財政危機に陥ったのは「自業自得」なので

す。

　それにもかかわらず、自業自得で危機に陥ったギリシャの救済に「ドイツ国民のお金」が使われるわけですから、ドイツ国民が黙っているはずがありません。なにしろ、ドイツ国民は年金受給などについて、ギリシャ国民よりもはるかに厳しい立場に置かれているのです。
　すなわち、ドイツに限らず、**すべてのユーロ加盟国にとって「ギリシャ救済」は、政治的なリスクが大きくなってしまう**のです。ドイツ一国の経済規模からしてみれば、ギリシャを単独で救済することが不可能なわけではありません。しかし、それを実施した場合、政権与党の政治家が負わなければならないリスクが、極めて高いものになってしまいます。
　ギリシャを救済し、ユーロというシステムを救うのか。このケースでは、各国政府が自国民からの反発にあい、政治家が失脚するリスクを考慮しなければなりません。
　とはいえ、ギリシャを見捨てると、「共通通貨圏国の政府がデフォルト（債務不履行）に陥る」という、前代未聞の事態を迎えることになりかねません。
　結果的に、独仏などのユーロ加盟国は「EUおよびIMFによる救済」という、「国」の色があまり表に出ない救済路線を模索せざるを得なかったわけです。

> **EU、IMFによる救済があってもギリシャが財政危機を脱することはできません。そもそもユーロに加盟してはいけない国でした。最終的にはユーロはギリシャを離脱させる選択を採るでしょう。**

ギリシャはなぜIMFから支援を受けたのですか？

Q19

ギリシャは10年5月にIMFおよびEU諸国の支援を受けることが決定しました。ユーロ加盟国内で解決できなかった背景を見てみましょう。

キーワード
負債…ある経済主体に帰属し、貨幣を尺度とする評価が可能で、かつ利払いや返済などの必要がある財産

IMFの支援額は3年間で300億ユーロと過去最大規模

　ギリシャ政府がお金を借りた相手は「外国人」です。政府が財政危機に陥るケースは、ほぼ100％「対外**負債**」の問題になります。すなわち、ステークホルダー（利害関係者）が複数の国にまたがって存在する場合です。

　利害関係がユーロのみならず、EU全域にまで広がっている以上、各国が勝手な立場で動いてしまうと、大変困ったことになります。

　国家的エゴイズムを廃し、中期的な通貨の安定を維持しながら債務国に債務を返済させる。この目的を果たすためIMFは存在しています。

　たとえば、ドイツやフランスなどがIMFを通じてギリシャに支援した場合、反感を買うのはIMFになります。Q18で述べたように、自国の国民から政治家が反感を買うことはないのです。そういう意味でIMFという組織の存在はありがたいわけです。

　ギリシャは、10年5月にIMFおよびEU諸国の支援を受けることを決定しました。「支援」とは支援融資であり、資金を「贈与」するわ

けではありません。ギリシャ政府の国債が急騰する、すなわち「一般の投資家がギリシャ政府にお金を貸したがらなくなった」結果、債務のロールオーバー（借り換え）ができなくなりつつあります。そこで、その資金をIMFやEU諸国が貸しましょう、という話です。

IMFの支援融資は３年間で300億ユーロにも達し、一国への支援としては過去最大規模になります。

ユーロ圏がIMFに頼らざるを得なかったワケ

本来、ユーロ加盟国はユーロ圏のみでギリシャの始末をつけたかったのだと思います。といいますか、ユーロ加盟国がIMFのお世話になるなど、本来的には奇妙な話なのです。

たとえば、北海道の夕張市は07年３月に破綻しました。「日本円通貨圏」である日本において、いち経済主体が破綻した以上、後始末は日本国家がつけることになります。すなわち、「国際決済」の番人であるIMFの出る幕はないのです。

ところが、ギリシャ危機の場合は、「ユーロ通貨圏」の一部が破綻したにもかかわらず、IMFに頼らざるを得ませんでした。本来、**ユーロが金融政策のみならず、財政的にも「統一政府」を持っていた場合、IMFに支援を求める必要はなかったのです。**

ユーロというシステムは、「景気後退」や「加盟国の財政破綻」を念頭に入れずに構築されました。結果的に、危機に瀕して加盟国には対応のしようがなく、IMFに頼るという「屈辱」を受け入れざるを得なくなったわけです。

> **A** 本来はいち経済主体であるユーロ圏のみで解決すべきでしたが、ユーロのシステムが景気後退や加盟国の財政破綻を念頭に入れずに構築されたため、危機対応ができずIMFに頼らざるを得なかったのです。

第2章 欧州 世界同時不況が直撃! 黄昏の欧州は立ち直れるのか

Q20 スペインはなぜ財政が急激に悪化したのですか?

建設業で活況を呈していたスペインは、08年を境に財政が悪化。今や失業率が20％を超えています。その理由を見てみましょう。

キーワード
失業率…労働力人口に占める失業者の割合
不良債権…事実上、回収が困難な債権

経済収支赤字国・スペインの成長は住宅バブルに伴う建設業の活況

　そもそも、なぜスペインは08年まで成長できたのかを考えてみましょう。図17-1（77頁）からも明らかなように、スペインは09年時点においても世界第2位の経常収支赤字国です。国民1人当たりの経常収支赤字も1725ドルと、ギリシャほどではありませんが、アメリカの数値を上回っています（表17-1参照）。

　経常収支赤字国は、通常は中期的に為替レートが下落し、「輸入はしにくく、輸出はしやすく」なります。輸入が減ると同時に輸出競争力が回復し、経常収支の赤字は縮小していくわけです。ところが、スペインの場合はユーロ加盟国であるため、為替レートが変動しません。スペインに限らず、**ユーロ加盟国はどの国も、為替レートがスタビライザー（安定化装置）として働かなくなっています**。

　国民が「製品を海外から延々と輸入し続ける」状態、すなわち国内で製造しない環境下で、スペインは「なぜ」経済成長を遂げていたのでしょうか。ズバリ、**住宅バブルに伴う建設業の活況**です。

図20-1 欧州主要国の建設業対GDP比率の推移 99-08年

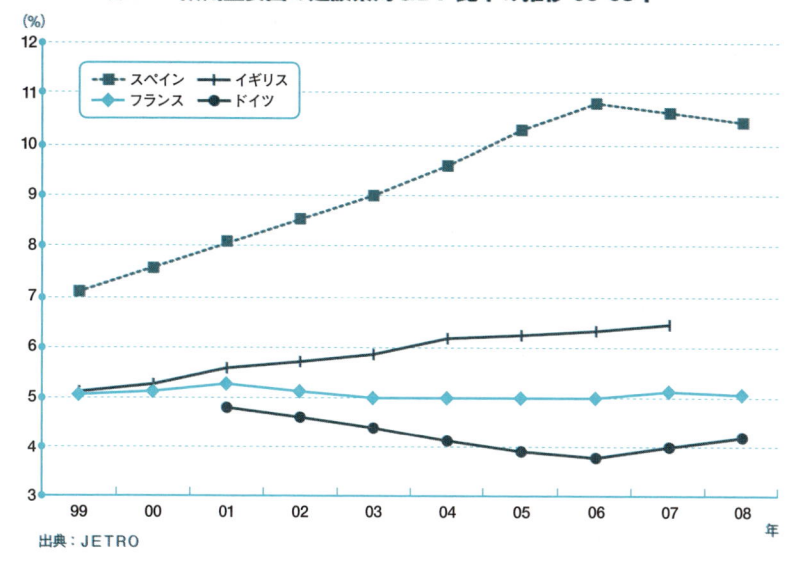

出典：JETRO

図20-2 スペインの住宅バブル 02-10年

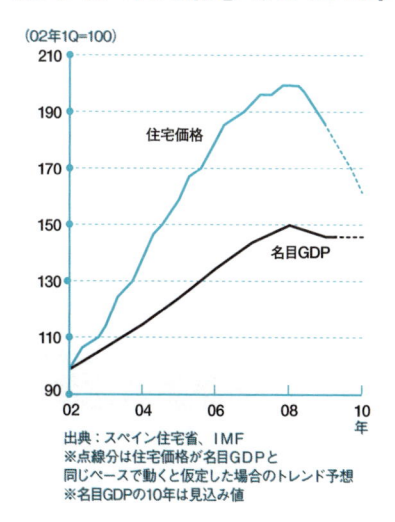

出典：スペイン住宅省、IMF
※点線分は住宅価格が名目GDPと同じペースで動くと仮定した場合のトレンド予想
※名目GDPの10年は見込み値

図20-1を見ると、もともとスペインはGDPに占める建設業の割合が高かったことがわかります。それが2000年に入って以降、「順調」に上昇し、ピークの06年には11％近くまでいったわけです。
　この期間、イギリス、フランス、ドイツの建設業対GDP比率は、さほど上昇していません。07年まで続いた「世界同時好況」下において、スペインが他の欧州主要国とは別の成長モデルを持っていたことがわかります。

外国人の投資でスペインの住宅価格は押し上げられた

　別に、住宅価格は名目GDPと同じペースで上昇しなければならないと、決まっているわけではありません。しかし、一応の目安にはなります。02年から08年にわたり、スペインの名目GDPは1.5倍になりましたが、その期間、住宅価格は2倍以上も高騰したわけです。
　スペインの住宅価格は、ドイツ人などの外国人による投資で押し上げられた面が強くなっています。結果、本来のスペインの所得水準からは考えられない高値まで、住宅価格が上がっていってしまいました。すなわち、スペインの住宅バブルは、本来の「スペイン経済の実力」を超えた規模にまで拡大してしまったわけです。
　本来の「スペイン経済の実力」を超えた水準にまで価格が高騰し、建設業が活況を帯びた以上、スペイン人労働者のみでは、旺盛な需要をまかなうことができませんでした。
　結果、スペインには東欧やアフリカなどから移民が殺到し、なんと人口の12％が非スペイン系住民になってしまったのです（90年代の非スペイン系住民の割合は、わずかに1％未満でした）。

失業率は20％超の欧州最悪の水準

　08年に住宅バブルが崩壊した結果、スペインの雇用環境は一気に悪化しました。10年11月時点のスペインの失業率は、なんと20.6％！

欧州最悪の水準です。いずれスペイン政府は国債を増発し、大々的な失業対策を行わないわけにはいきません。結果的に、政府の財政は悪化するでしょう。

また、住宅バブルの崩壊は、国内の金融機関の**不良債権**を拡大します。当然ながら、スペイン政府は複数の銀行を公的管理下に置く、あるいは公的資金の注入に踏み切らざるを得ませんでした。これらの銀行救済も、スペイン政府に極度の財政負担を強いたのです。

ちなみに、10年10月に事実上、破綻したアイルランドも全く同じ問題を抱えていました。アイルランドは欧州でもっとも早く住宅バブルが崩壊したのです。

さて経常収支赤字国であるスペインは、国内に過剰貯蓄があふれているわけではありません。政府が国債を発行する際には、外国の金融市場に依存せざるを得ないのです。さらに、ギリシャと同様に、ユーロ加盟国であるスペイン政府も自国国債の金利が上昇した際に、国債買取りにより金利を抑制することはできません。

大手格付け機関のスタンダード＆プアーズとフィッチは、すでに危機の早期段階でスペイン国債を最高格付けから一段階引き下げています。しかし、最大手のムーディーズは、なんと10年9月末までスペイン国債を最高格付けに据え置いたままでした。格付け機関とはそういうもの（政治的に格付けを決める）なんですね。

> 経常収支赤字国のスペインが経済成長を遂げていたのは、住宅バブルのため。バブルが崩壊した後、不良債権拡大に苦しむ「国内の金融機関の救済」が政府に財政負担を強いたのです。

第2章 欧州 世界同時不況が直撃! 黄昏の欧州は立ち直れるのか

Q21 スペインの失業率は20％を超えていますが、政府はなにか対策をしているのですか？

多くの移民を抱え、正規雇用者と有期雇用者との対立構造も抱え、スペイン政府は、どういった失業対策をしているのでしょうか。見ていきましょう。

「スペイン系スペイン人」と「非スペイン系住民」との間で高まるあつれき

　失業率が20％を超えている環境下で、対策を打たない政府はありません。とはいえ、スペインは「ここ10年で急激に外国人労働者が増えた後に、失業率が急増した」というむずかしい問題を抱えています。同国の失業問題は、簡単に解決することはできないほどに深刻化しています。

　図21-1の通り、10年11月時点のスペインの失業率は20.6％と、欧州最悪の水準です。Q20で述べた通り、スペインはここ10年で急激に移民が増えたため、当然ながら「スペイン系スペイン人」と「非スペイン系住民」との間のあつれきが高まっています。たとえば、政治家が「移民制限の強化」などを主張すると、スペイン系スペイン人から一定の支持を得てしまうのです。

　住宅バブルで建設労働者などが不足している際には、東欧やアフリカから労働者を呼び込み、バブルが崩壊すると邪魔者扱いする。移民問題を「知らない」日本人からしてみれば、非道なことに思えるかもしれません。しかし、どちらかというと「このやり口」の方がグローバルスタンダードといえます。「移民の人がかわいそう…」などと思えるのは、日本の失業率がいまだ5％台そこそこで、かつ移民問題に

図21-1 欧州諸国の失業率 10年11月時点

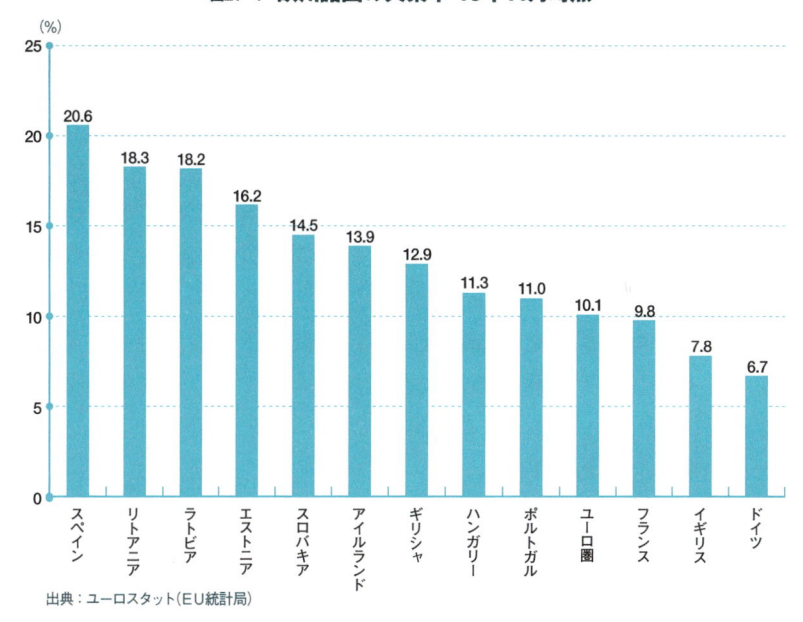

国	失業率(%)
スペイン	20.6
リトアニア	18.3
ラトビア	18.2
エストニア	16.2
スロバキア	14.5
アイルランド	13.9
ギリシャ	12.9
ハンガリー	11.3
ポルトガル	11.0
ユーロ圏	10.1
フランス	9.8
イギリス	7.8
ドイツ	6.7

出典：ユーロスタット（EU統計局）

直面した経験がないからです。

スペインの有期雇用者は労働者全体の3割前後と高め

　ところで、スペインは住宅バブルがはじまる以前、90年代にも失業率が20％に達したことがありました。高失業率は、ある意味でスペインの宿業といえなくもないのです。なぜならば、スペイン経済は、構造的に失業率が高まりやすい問題を抱えているためです。

　スペインでは、もともと「有期雇用者」の割合が労働者全体の3割前後と、高くなっています。有期雇用者とは、契約期限が存在する非正規社員のことです。有期雇用者と契約期限がない正規雇用者の待遇には、まさしく「格差」としか呼びようがないほどの開きが存在しています。

　スペインで有期雇用者の割合が高い（OECD諸国で文句なしのトップで

す）理由は、正規雇用者の解雇がむずかしいためといわれています。一度雇用をすると、なかなか解雇できなくなってしまうため、企業は正規雇用者の採用に二の足を踏んでしまうわけです。

結果、**スペインでは景気が悪化した時期に有期雇用者が容赦なく解雇され、失業率が跳ね上がってしまう**わけです。

10年9月、スペインの下院は政府による労働市場改革法を可決しました。その後、上院で一部が修正され、同国で労働市場改革法が最終的に成立しました。

同法案は、**解雇規制を一部柔軟にし、企業が正規雇用者を「解雇しやすくする」**ことで、**雇用の拡大を目指す**ものです。逆説的な気もしますが、「いつでも解雇できる」からこそ、企業が正規雇用者を増やすことを期待したわけです。

とはいえ、スペインでは現在、政府の緊縮財政などに反対する大規模ストライキやデモが相次いでいます。特に、現在のスペイン政府は、労働市場改革法で民間企業の雇用を促進すると同時に、公務員の給与カットなどの支出削減をはじめています。結果、給与削減に反発した公務員が、主要都市で大々的にデモを展開しているわけです。

また、スペイン議会が可決した労働市場改革法は、既存の正規雇用者の既得権益を奪い取るものです。なにしろ、これまでは簡単に職を失うことがなかった正規雇用者が、今後は容赦なく企業から解雇される可能性が出てきたのです。結果、正規雇用者も大規模なデモを全国で展開し、スペインは国内がなかなか不穏な状況になってきました。

若者の5人に2人は失業者

そもそもスペインでは「非スペイン系住民」という問題を抱えている上に、「正規雇用者」と「有期雇用者」、「公務員」と「民間労働者」の対立構造までもが噴出してしまっているのです。さらに、スペインの労働市場では「若年層」と「非若年層」の対立という問題もあります。なにしろ、最新のユーロスタットによると、スペインの若年層の

失業率は40％を超えているのです。若者の5人に2人は失業者ということになります。

スペイン議会は、10年5月27日に、150億ユーロ規模の「財政緊縮法案」を可決しました。先の公務員給与削減は、同法の可決に伴い実施されたものです。

議会（下院）での財政緊縮法案に関する採決は、賛成が169票、反対が168票と、わずかに1票差でした。しかも、本法案可決時には、地方政党である「カタルーニャ同盟」が投票を棄権したのです。カタルーニャ同盟は、法案への反対を表明していますので、もし同党が投票に参加していたら、議会では可決しなかった可能性が高いわけです。

スペインのようなバブル崩壊国が緊縮財政を実施すると、経済成長率は確実に悪化します。すなわち、失業問題がより深刻化する可能性が高いわけです。労働市場改革法の施行も、一時的には失業率を高める方向に働くでしょう。

とはいえ、この財政緊縮法案を可決しなければ、スペイン国債の金利が高騰し、ギリシャと同様の立場に追い込まれた可能性を否定できません。緊縮財政を強行すると、ただでさえ欧州最悪の失業率がさらに上昇し、緊縮財政に背を向けると、国債金利高騰で政府のデフォルトの危機が高まる。まさしく「出口が見当たらない」状況です。

経常収支赤字国かつユーロ加盟国であるスペイン政府は、それでも「ユーロシステム」の中で解決不能な方程式を解くべく、もがき続けるしかありません。

> スペインは正規雇用者の解雇がむずかしいため、有期雇用者の割合が高め。失業時は真っ先に彼らが解雇されるため、正規雇用者を解雇しやすくし、雇用の拡大を目指す労働市場改革法を成立させました。

第2章 欧州 世界同時不況が直撃! 黄昏の欧州は立ち直れるのか

Q22 主力産業の観光で、スペインは景気回復できないのでしょうか？

不況であえぐスペインは、その不況を主力産業の観光で脱することはできるのでしょうか。ユーロ加盟国という背景も合わせ見てみましょう。

キーワード
国民所得…National Income: 国民全体が得る所得の総額のこと。サラリーマンの所得や企業利益など、一国において一定期間（通常1年間）に新たに生み出された価値（付加価値）の総額

スペインは観光で、経常収支赤字を緩和している

　スペインの観光業の歴史は古く、19世紀末頃には初期段階の観光産業が誕生しています。とはいえ、この頃の観光とは、国内の王侯貴族が、景勝地で長期の保養を楽しむといったタイプのものでした。

　同国へ、外国人観光客が多数訪れるようになったのは、1960年代のことです。80年代には早くもイタリアを抜き去り、スペインはフランスに次ぐ欧州第2位の観光大国になりました。

　当時、スペイン観光が人気を博したのは、南欧特有の「太陽の力」もありましたが、実はそれ以上にスペイン人の所得や購買力が低かったことが原因なのです。すなわち、西欧の高所得国（イギリス、ドイツ、オランダなど）と所得格差が大きかったために、安く観光できるという魅力もあり、欧州北部でスペインへの観光ブームが起きたのです。

　1949年に30万人だったスペインへの外国人観光客は、73年には3450万人と急増しました。さらに08年には、実に5700万人もの人々がスペ

図22-1 スペインの経常収支と観光収支推移 99-09年

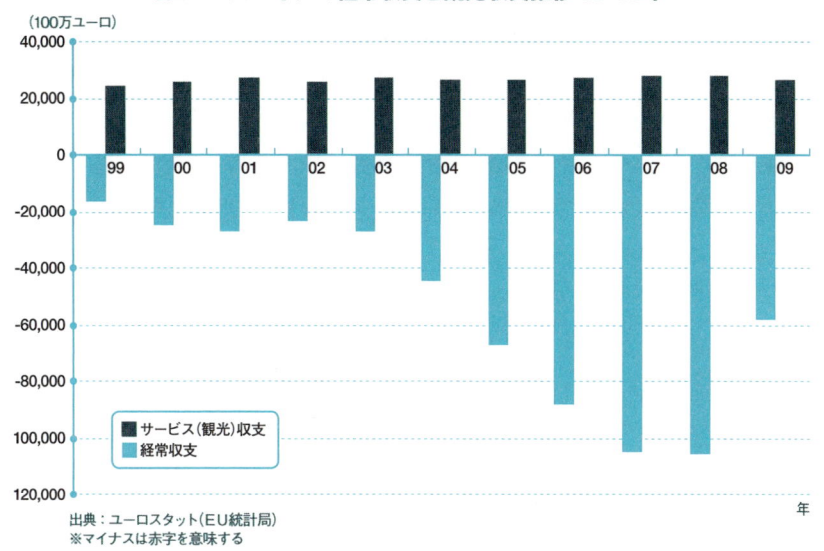

(100万ユーロ)

■ サービス(観光)収支
■ 経常収支

出典：ユーロスタット(EU統計局)
※マイナスは赤字を意味する

インを訪れたのです。さすがに外国人観光客がこの規模になると、観光も立派な「輸出産業」の1つに数えられます。

　先に解説した通り、スペインは経常収支赤字国です。同国の経常収支赤字は、主に貿易赤字により拡大しているものです。**観光という輸出産業は、サービス収支を黒字化することで、スペインの経常収支赤字を緩和している**ということになります。

観光収入は世界同時不況で「ここ半世紀ではじめて」の頭打ち

　スペインの観光収入ですが、国際収支を見る限り「頭打ち」もしくは減少傾向になっています。実際、サブプライム危機以降、同国の観光産業は「ここ半世紀ではじめて」というレベルの不振に突入してしまいました。

　スペインから離れた観光客は、主にクロアチアやトルコなど、相対的に物価が安い国に流れていっているようです。なにしろ、トルコの

国民1人当たりGDPは8711ドル、クロアチアが約1万5284ドルであるのに対し、スペインは3万2030ドルです。国民所得に2倍近い開きがある以上、スペインはトルコやクロアチアに対し、価格面では全く対抗できないわけです。

観光業とは、そもそも不況の影響を受けやすい産業です。特に、サブプライム危機からリーマン・ショックを経た「恐慌的な不況下」においては、観光支出は真っ先に削られてしまう支出項目です。少なくとも、観光客が「より安い」国や観光地に向かうのは、これはもう押し止めようがない現象なのです。

スペインにしても、ギリシャにしても、観光業の対GDP比が高い南欧諸国は、今後の観光収支の悪化は避けられないでしょう。ちなみに、スペインの観光業の対GDP比が15％程度であるのに対し、ギリシャは20％です。

ところで、スペインとギリシャは、共に現在は財政危機状態にあり、政府が緊縮財政路線を採っています。結果、**国内でデモや大規模ストライキが発生していることも、観光業へ悪影響を与えはじめています**。ギリシャのように、大規模デモで死者が出てしまう（10年5月）のは最悪ですが、それ以前にストで交通機関がストップするような国に、好んで観光に向かう人は少ないでしょう。政府と国民の緊張関係が高まり、治安や交通機関に問題が生じていることも、両国の観光産業に暗い影を落としているのは間違いないわけです。

ユーロ加盟国の呪縛が観光大国を苦しめている

そして、価格競争力の喪失や国内の騒乱以上に問題なのは、スペインにしてもギリシャにしても「ユーロ加盟国」であるという事実です。そもそも、フランスやスペイン、それにギリシャが「観光大国」なのは、近場に国民所得が高い国が複数存在しているためです（イギリス、ドイツ、北欧諸国など）。すなわち「需要に近い」ことこそが、欧州に観光大国が複数存在している主因なのです。

スペインやギリシャは、かつては国民所得の高い国々と共通通貨（ユーロ）であることを活用し、観光ビジネスが活況を呈しました。ところが、現在は欧州全域が不況下にあり、観光客はより国民所得が低く、「通貨的にも」観光の価格競争力が高い国々に奪われてしまっています。

この状況に対し、スペインやギリシャは「為替レートを切り下げることで、観光産業の価格競争力を取り戻す」ことができません。結果、スペインやギリシャなどは不利な為替レートのままで、トルコやクロアチアなどの独自通貨国と競合を強いられることになります。

繰り返しますが、スペインやギリシャが為替レートの面で不利な立場にあるのは、ユーロ加盟国だからです。なにしろ、最大の顧客であるドイツと同一通貨であるため、どれだけ景気が悪化しても、あるいは経常収支赤字が膨れ上がっても、さらには財政が危機に瀕してさえ、為替レートが対ドイツで下落することはないのです。

無論、イギリスとユーロ圏とは異なる通貨になりますが、そもそもイギリス・ポンドが他通貨に対して下落している状況です。ユーロ加盟国であることは、対ポンドを考えた場合は、かえって不利になってしまいます。

ここまで考えると、ユーロに加盟していることは、スペインやギリシャにとっては「呪縛」あるいは「呪い」と呼んだ方がいいかもしれません。

> スペインへの最大の観光客はユーロ加盟国のドイツなど。為替レート切り下げができず価格競争力が低いスペインは、安さがウリのトルコなどに勝てないのです。観光で景気回復はむずかしいでしょう。

第 2 章　欧州　世界同時不況が直撃！ 黄昏の欧州は立ち直れるのか

Q23 ドイツはEU、ユーロ圏内でどのような位置にいますか？

ドイツは失業率を見ても不況まっただ中の欧州にあって、6.7％と相対的に低く、EUやユーロ圏の中心的存在のように思えますが、実際はどうなのでしょうか。

キーワード
ハイパーインフレーション…インフレーションとは物価が持続的に上昇すること。ハイパーインフレーションは猛烈な勢いで進行するインフレのこと。月率50％程度から、極端な場合、数時間単位で貨幣価値が大きく変わることもある

EU内で発生している「南北問題」

　簡単に書くと、ドイツ経済はEU、少なくともユーロ圏においては「中心」になります。そもそも、09年の主要国の経常収支赤字国ワースト10（77頁の図17-1参照）のうち、半分をユーロ加盟国が占めるような有り様（スペイン、イタリア、ギリシャ、フランス、ポルトガル）であるにもかかわらず、ユーロが他通貨に対して中期的に下落しなかったのは、ドイツの信用度が極端に高いためなのです。

　すなわち、**スペインやギリシャなどは、ドイツの信用に支えられたユーロ高に寄りかかり、経常収支の赤字をひたすら膨らませていった**ということになります。

　図23-1と図23-2を見ると、**EU諸国において、ある種の「南北問題」が発生している**ことに気がつくのではないでしょうか。なにしろ、EUで経常収支が黒字化している国々は、ドイツ、オーストリア、北欧諸国、オランダとルクセンブルク、そしてバルト三国と、比較的北

図23-1　EUの経常収支黒字国 09年

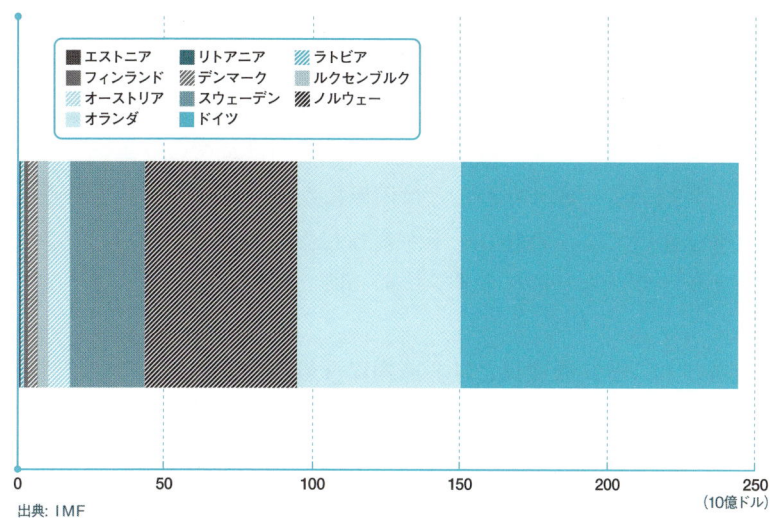

凡例：
- エストニア
- リトアニア
- ラトビア
- フィンランド
- デンマーク
- ルクセンブルク
- オーストリア
- スウェーデン
- ノルウェー
- オランダ
- ドイツ

横軸：0 ～ 250（10億ドル）

出典：IMF
※ノルウェーはEU加盟国ではないが、欧州経済に関する理解を深めるために含めた

図23-2　EUの経常収支赤字国 09年

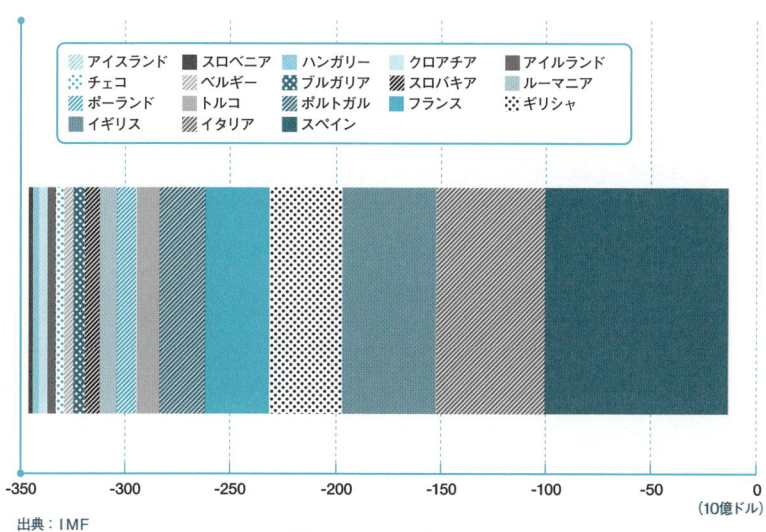

凡例：
- アイスランド
- スロベニア
- ハンガリー
- クロアチア
- アイルランド
- チェコ
- ベルギー
- ブルガリア
- スロバキア
- ルーマニア
- ポーランド
- トルコ
- ポルトガル
- フランス
- ギリシャ
- イギリス
- イタリア
- スペイン

横軸：-350 ～ 0（10億ドル）

出典：IMF
※アイスランド、クロアチア、トルコはEU加盟国ではないが、欧州経済に関する理解を深めるために含めた
逆に経済規模が小さいマルタやキプロスは省略

部に位置している国々ばかりなのです。それに対し、南欧や東欧諸国はすべて経常収支赤字になっています。

　欧州経済は、もともとが経常収支黒字国と赤字国が混在しています。だからこそ「共通通貨ユーロ」のような「冒険」に乗り出すことができたとも考えられます。欧州が輸出国あるいは経常収支黒字国ばかりでは、共通通貨が成り立つことは困難になります。互いにどれだけ輸出攻勢をかけても、為替レートが変動しないわけですから、まさしくスタビライザーなしの「ガチンコ」の殴り合いになってしまうでしょう。

　結局のところ**共通通貨とは、域内に「最終需要者」あるいは「貿易赤字を引き受ける国」が存在しなければ成立しない**のです。すなわち、アメリカに「最終需要」の多くを引き受けてもらっているアジアにおいては、「東アジア共同体」などという夢物語は成立し得ないということになります。

グローバル・インバランスを前提にしていたともいえるユーロ

　ユーロが成立したのは、ドイツなどの経常収支黒字国が「ひたすら黒字を拡大」し、スペインなどの赤字国は「ひたすら赤字を拡大」する環境が成り立っていたためなのです。すなわち、ユーロそのものが「グローバル・インバランス」を前提にしていたといえないこともないのです。

　特に、**巨額経常収支の黒字かつ財政が常に均衡に近いドイツの存在**こそが、**ユーロひいてはEUの要**になっていました。ドイツの信用力なしでは、ユーロは早期の段階で空中分解してしまっていたでしょう。

　ドイツが均衡財政を好むのは、第１次世界大戦後に「本物のハイパーインフレーション」を経験したという、歴史的なトラウマを抱えているためです。日本人が第２次世界大戦に敗北した後に、戦争アレルギーになってしまったのと似ています。

　第１次大戦後のドイツのインフレーションは、実に「100兆マルク

紙幣」が発行されるほどのすさまじさでした（後に「1兆マルク」が「新1マルク〈レンテンマルク〉」と交換されました）。これほどすさまじいインフレを経験した以上、ドイツ、特にドイツ連邦銀行（ドイツの中央銀行）がインフレを毛嫌いしても、ある意味、仕方がないのかもしれません。

バブル崩壊後の緊縮財政はさらなる財政悪化を招く

とはいえ、ドイツ連銀の流れを引き継ぐECBまでもが、極端な「嫌インフレ思想」を貫いているのは問題です。

ユーロ加盟国が、適切な財政出動が不可能な状況なのは、ECBの「思想」の影響が大きいのです。少なくとも、**バブル崩壊後の国が緊縮財政に走った場合、景気悪化を引き起こし、さらなる財政悪化を招くのは確実**です。

それにもかかわらず、現在はアイルランドもギリシャも、スペインもポルトガルも、緊縮財政と財政健全化を第1目標に政策を推進せざるを得ないわけです。なにしろ、ドイツやフランスなどの債権国（の銀行）やEU、IMFは「ユーロで金を返済しろ！」とこれらの国に要求しているのですから、緊縮財政以外に対応のしようがありません。これがユーロ圏でなければ、「通貨暴落⇒輸出競争力強化⇒経常収支黒字化⇒債務返済」という道が採れるのですが（アジア通貨危機後の韓国などが、このルートをたどりました）。

いずれにしても、ドイツは実需面、金融面を含め、EUやユーロの中心の国です。ドイツ抜きのEUやユーロは、決してあり得ないと断言してもかまわないでしょう。

> ドイツは実需面、金融面を含め、EUやユーロの中心。経常収支が黒字かつ財政が常に均衡に近いドイツの信用力なしでは、ユーロは早期の段階で空中分解していたでしょう。

Q24 ドイツを支えている産業はなんですか?

ドイツの企業で思い浮かぶのは、ベンツやBMWなどの自動車メーカー。やはり製造業が主流なのでしょうか。見てみましょう。

キーワード
迂回貿易…決済や輸入国の規制問題などにより、商品を直接目的国へ送らず、第三国を経由して取引すること

ドイツは自他共に認める輸出依存大国

　ドイツの主要産業は、ご想像の通り、製造業です。

　図24-1の通り、ドイツの製造業がGDPに占める割合は、欧州主要国の中ではダントツで高くなっています。しかも、イギリス、スペイン、フランスなどは07年までの不動産バブルの期間、次第にGDPに占める製造業の割合が小さくなっていっています。唯一、ドイツのみが製造業のシェアが大きくなっているわけです。

　また、ドイツは自国から直接アメリカなどの最終需要地に輸出するのみならず、人件費の低いバルト三国などに工場を建設し、資本財を輸出し、現地で組み立てる「迂回貿易」も得意としていました。日本がアジアで韓国や中国、それに東南アジアに対して展開していたビジネスを、ドイツはバルト三国や東欧などで行っていたわけです。図23-1（99頁）でバルト三国が経常収支黒字になっていますが、これはまさしく「ドイツの迂回貿易」のおかげなのです。

　ところで、日本のマスコミは、日本について「輸出依存度が高い」

図24−1 欧州主要国の製造業対GDP比率の推移 01-08年

凡例: ドイツ、イタリア、イギリス、スペイン、フランス

出典：JETRO

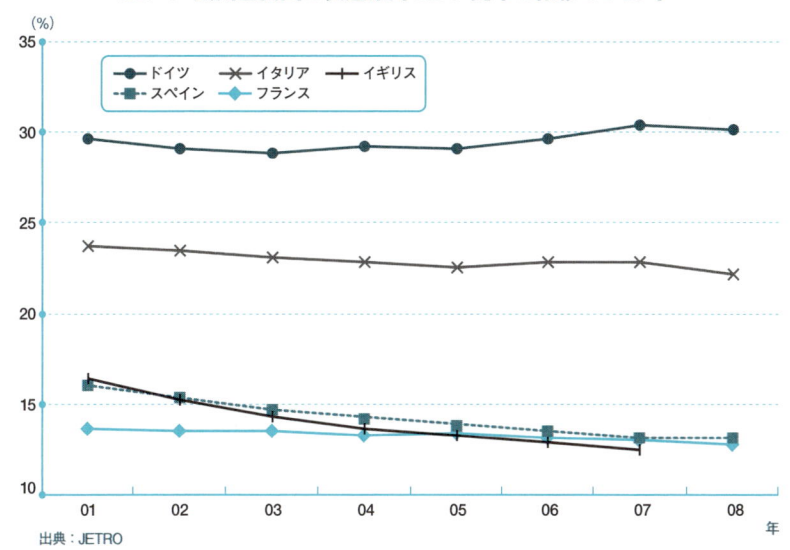

図24−2 ドイツの輸出品目 09年

凡例:
- 食料品・飼料
- 半製品（原油半製品、非鉄金属、非鉄金属合金など）
- 最終製品
- 原料
- 2次製品（鉄鋼、プラスチックなど）
- その他

数値:
- 47,288
- 7,202
- 40,118
- 93,224
- 581,712
- 38,611

(100万ユーロ)

出典：JETRO

103

という表現を使いますが、これは「相対的」に見る限り明確な間違いです。日本の輸出依存度は、世界的に見ると、アメリカなどに次いで低くなっています（25頁の図4-1参照）。それに対し、ドイツの場合は自他共に認める輸出依存大国です。

10年のドイツは、なんと経済成長率が3.6％と東西ドイツ統一（90年10月）以降で最高となりました。この時期、ドイツは輸出依存度をそれまで以上に高めており、完全な**外需依存型成長**を志向しました。結果、個人消費などの内需は高まっておらず、「ドイツの経済は１つのエンジン（外需）しか回転していない状態だ」と、他国から懸念の声が上がっています。

内需が拡大しない理由は、賃金の抑制と政府の緊縮財政

ドイツでは輸出が好調であるにもかかわらず、なぜ内需が拡大しないのでしょうか。理由は、**グローバル市場で戦っているシーメンスやダイムラーなどの大企業が、国際競争力を維持するために賃金を抑制しているからです**。さらに、**メルケル政権が例により緊縮財政に率先して取り組み、政府のムダを削り続けていることも**、同国の内需回復を抑制している要因の１つです。

すなわち、ドイツの現況をまとめると、
「財政健全化を優先し、政府の支出を切り詰め、同時に賃金を抑制して個人消費の伸びを押さえ付け、外需依存を高めつつ成長している」となります。外需とはすなわち「外国の需要」です。ドイツが輸出するということは、その分だけ他国が輸入するということになります（当たり前です）。ドイツからの輸入を受け入れ、需要を「奪われている」相手国からしてみれば、文句のひとつもいいたくなるでしょう。

ドイツにとって有利なユーロのシステム

ちなみに、ドイツの輸出が好調なのは、なにを隠そう、ギリシャや

スペインなどの危機が表面化した結果、ユーロが下落しているためなのです。すなわち、現在のユーロ安は、ことドイツにとっては、全く不利に働いていないのです。

　ユーロが高値で維持されている時期には、ドイツはギリシャやスペインなどの南欧諸国への輸出を拡大しました。なにしろ、為替レートが変動しないため、ギリシャやスペインからしてみれば、対独貿易赤字が際限なく膨らんでいくことになります。どれだけ貿易赤字が拡大しても、１ユーロは１ユーロのまま維持されるため、南欧諸国などは、まさしくサンドバッグのようにドイツの輸出攻勢を受け入れ続けなければならなかったのです。

　そして、ユーロの危機が表面化し、ユーロ安が顕著になると、今度はドイツはユーロ圏外への輸出を拡大することが容易になります。なんといいますか、ユーロというシステムは、本当にドイツに対して有利にできていると、改めて感心せざるを得ません。

　ドイツの輸出品ですが、やはり自動車や家電、航空機、医薬品などの「最終製品」が圧倒的なシェアを占めています。企業が製造のために購入する資本財（半製品、２次製品など）が輸出の主力を占める日本とは、輸出構造自体も異なっているわけです。

> ドイツの輸出依存度は09年で33.35％と高く、主要産業は、製造業です。自国にとって有利なユーロ・システムで主に自動車や家電などの最終製品を輸出する外需依存型の成長を遂げています。

Q25 ドイツはユーロ圏内の財政が悪化した国にどのように対応していくべきですか?

ドイツ経済は危機の欧州にあって突出した経済力を持っています。ユーロ圏内の財政危機に陥った国に、ドイツはどのように対応すればいいのでしょうか。

単独支援は、支援国からも自国からも憎まれるむずかしさ

これは非常にむずかしい問題です。Q18で述べた通り、ドイツがユーロ圏内の財政危機にある国を単独で支援をすると、政治家が支援国の国民からも自国民からも憎まれてしまいます。

支援「相手国」から憎まれることについて、奇妙に思われる方は多いかもしれません。しかし、1997年のアジア通貨危機時にIMF管理下に置かれた韓国は、構造調整プログラムの名の下で政府支出削減、金利の引き上げなどを強いられ、国民福祉が大ダメージを受けました。そのため、韓国国民は、今でもIMFのことを恨みに思っています。

というわけで、たとえドイツの経済力がEUやユーロ圏で突出していても、単独で2カ国間支援を提供するのはリスクが大きすぎます。リスクというのは「お金」の問題ではなく、政治の問題なのです。

GDPに70倍近い差があっても、ユーロ加盟国内では「同格」

改めてユーロ加盟国のGDPを見ると、実に「多様」な国々の集まりであることがわかります。たとえば、07年にユーロを導入したばかりのスロベニアですが、ドイツとは、GDPに70倍近い格差がありま

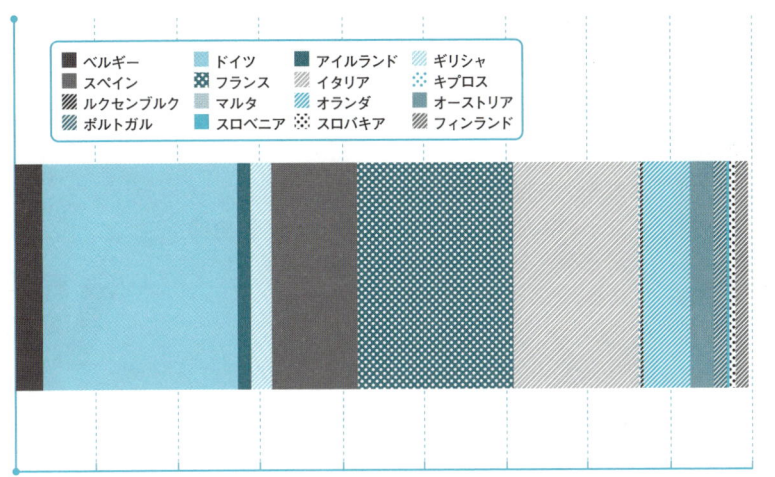

図25−1　ユーロ加盟国のGDPシェア 09年

凡例：ベルギー／ドイツ／アイルランド／ギリシャ／スペイン／フランス／イタリア／キプロス／ルクセンブルク／マルタ／オランダ／オーストリア／ポルトガル／スロベニア／スロバキア／フィンランド

横軸：0〜9,000,000（100万ユーロ）

出典：ユーロスタット（EU統計局）
※11年1月にユーロを導入したエストニアは含まれていない

す（ドイツが2兆3971億ユーロ、スロベニアが358億ユーロ）。それにもかかわらず、ユーロ加盟国としてドイツとスロベニアは「同格」として扱われるのです。投票時の票数も、双方共に1票ずつになります。

　たとえば、ギリシャがユーロ圏とIMFに支援策の発動を要請したのは、4月23日。ユーロ圏の融資実行には「全加盟国の同意が必要」とされていました。財政破綻の可能性という緊急時に、16カ国（当時）の同意が必要というのは、迂遠としかいいようがありません。

　結局のところ、ドイツが自国民の反発を無視して2カ国間支援を乱発しない限り、ユーロの「遠心力」は収まりそうにありません。

> **A** ドイツが単独で支援すると、自国民からも支援先の国民からも恨みを買ってしまいますが、そのリスクを冒してまでも2カ国間支援を乱発しない限り、本当の財政危機を救うことはむずかしいでしょう。

第2章　欧州　世界同時不況が直撃! 黄昏の欧州は立ち直れるのか

Q26 イギリスはなぜユーロに加盟しないのでしょうか?

欧州の大国の1つであるイギリスは、なぜユーロに加盟しないのでしょうか。歴史的出来事ともう1つの理由を中心に見ていきましょう。

キーワード
ERM…欧州の為替相場の変動を抑制し、通貨の安定性を確保することを目的とした制度
キャピタルフライト…マネーが一斉に逃げ出すこと
ヘッジ・ファンド…あらゆる金融商品をターゲットに、空売りも行うファンドのこと

92年のポンド危機でERMからの脱退を余儀なくされた

　そもそもユーロに加盟したい国は、ERM（欧州為替相場メカニズム）に参加しなければなりません。ERMに参加し、自国通貨をユーロ・ペッグ（対ユーロ固定相場制）することで、為替レート安定の実績を積み上げるわけです。

　現在、バルト三国（エストニアは11年1月にユーロ加盟）とデンマークがERMⅡの下でユーロ・ペッグを続けています。しかし、デンマークはともかく、バルト三国については金融危機後に国内からの資本逃避、キャピタルフライトが発生しました。バルト三国の一国、ラトビアにいたっては、IMFからの緊急支援でなんとか破綻を食い止めている有り様です。

　それにもかかわらず、ラトビアはいまだにユーロ・ペッグを続けているわけですから、同国がどれだけユーロ加盟に執念を燃やしているかがわかります。無論、ラッツのユーロ・ペッグを外すと、通貨暴落

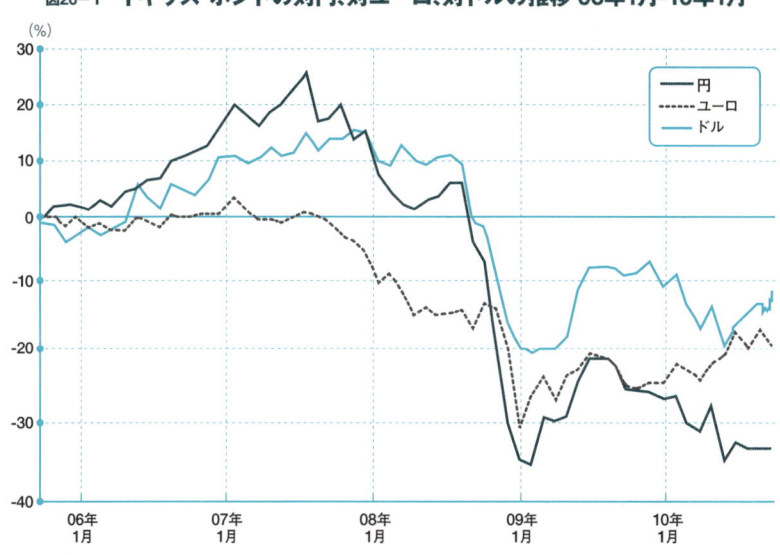

図26-1 イギリス・ポンドの対円、対ユーロ、対ドルの推移 06年1月-10年1月

出典：Yahoo.com

により対外負債のデフォルトに陥る可能性が高いからかもしれませんが…。

　いずれにせよ、ユーロに加盟する国は、その前に「準備期間」としてERMに参加しなければならないわけです。実は、イギリスもかつて、1990年代前半までは、ERMに加盟していました。それが92年秋に発生した「ある事件」により、脱退を余儀なくされたのです。

　その事件とは、「ポンド危機」と呼ばれています。ポンド危機とは、イギリスがERMに加盟し、通貨を実態よりも「高め」に維持していたことを、ヘッジ・ファンドに狙われたことに端を発しています。

　92年当時は、もちろんユーロは存在していませんでした。が、すでに欧州ではEC（当時の欧州共同体）の域内通貨統合に向けた、各国の為替レートの固定制度が実施されていたのです。これがERMになります。

ユーロ加盟が泡と消えた
ブラック・ウェンズデイ

　イギリスはその頃から貿易赤字が拡大しつつあり、かつドイツが金利を高めに設定していたため、ポンドの過大評価が大きくなっていきました。貿易赤字で低金利（ドイツなどと比べて）なのですから、当然ながらポンドはある程度は切り下がらなければならなかったのです。ところが、イギリスはERMに加盟していたため、為替当局はポンドを高めに維持させることを続け、実態との「歪み」が生じてしまったのです。

　この歪みに目をつけたのが、ジョージ・ソロス氏らヘッジ・ファンドの大物たちでした。ソロス氏はポンドの過大評価を確信し、通貨を売り浴びせた後に買い戻す「空売り」を大々的に仕掛けてきたのです。92年9月の中旬には、あまりのポンド売りにより、ポンドの為替レートはERMが認めている変動制限ライン（上下に2.25％）を上回ってしまいます。イギリスの中央銀行であるイングランド銀行は、対抗するために公定歩合を10％から15％に引き上げ、ポンドの価値を維持しようとしました。

　しかし、それでもポンドに対する売り浴びせは止まらず、**92年9月16日の水曜日、イギリスは事実上、ERMを脱退**しました（正式の脱退は翌17日）。イギリスがファンドのポンド売りにより、ERMからはじき出された日、9月16日は、俗にブラック・ウェンズデイ（暗黒の水曜日）と呼ばれています。ERMから脱退した結果、イギリスの初期段階におけるユーロ加盟は泡と消えました。

　以上が、初期段階のユーロに、イギリスが加盟しなかった理由です。しかし、ポンド危機からすでに20年近くが経過しようとしています。それにもかかわらず、イギリスが一向にユーロ加盟の動きを見せないのはなぜでしょうか。

イギリスがユーロに加盟しない
本当の理由

　実は、ポンド危機によりポンドが他通貨に対して下落した結果、**イギリスは輸出競争力を回復し、景気は逆に好景気に向かったのです**。それどころか、ポンド危機の翌年から数年間のイギリス経済は、大陸欧州を上回る成長率を達成しました。

　現在のギリシャやスペインがユーロという「呪縛」により、為替下落というボーナスにありつけないと、何度か書きました。**イギリスの場合は逆にユーロの前身・ERMからはじき出されたために、為替下落のボーナスにありつくことができたわけです。**

　図26-1は、ここ5年間のイギリス・ポンドの対ドル、対円、対ユーロの推移になります。ポンドは他通貨に対し、ここ数年間で数十％も「弱く」なりました。結果、イギリスの輸出競争力は回復し、「為替下落ボーナス」を再び得ていることになります。

　要するに、**イギリスは独自通貨、変動相場制ゆえに、為替レートがスタビライザー（安定化装置）としての機能を果たしてくれているわけです**。逆に、現在のユーロにおいては為替レートが安定化装置として働かず、苦しんでいる国が多いということになります。

　ユーロ加盟国が苦しんでいる姿を横目で見ている以上、イギリスがユーロ加盟を志向することは、今後しばらくはないと思われます。

> イギリスは過去にポンド危機によりERMから脱退。その後、イギリスは為替下落のボーナスで輸出競争力を回復し、好景気に。独自通貨、変動相場制ゆえの恩恵を受け、ユーロ加盟は当面ないでしょう。

第2章 欧州 世界同時不況が直撃！ 黄昏の欧州は立ち直れるのか

Q27 10年5月に、イギリスでは13年ぶりに政権交代したのには理由がありますか？

イギリスで政権交代したのはなにか理由があるのでしょうか。経済に絞って見ていきましょう。

キーワード
取り付け騒ぎ…特定の金融機関や金融制度に対する預貯金などを取り戻そうとして（＝取り付け）、金融機関の店頭に殺到し、混乱をきたす現象のこと

09年の実質GDP成長率は史上最悪のマイナス4.9%

　焦点を「経済」に絞り、イギリスの政権交代を考えると、大変おもしろい事実がわかります。いえ、おもしろいというよりは、ある種の「教訓的な事実」といい換えた方がいいでしょうか。

　イギリスの09年の実質GDP成長率はマイナス4.9%と、史上最悪レベルの結果に終わりました。図27-1は1990年以降のデータですが、第2次世界大戦直後の1949年まで遡っても、イギリスの実質GDPがマイナス3%を超えて悪化したことは一度もありません。マイナス4.9%もの景気悪化となると、おそらく世界大恐慌にまで遡らなければ、前例が見当たらないでしょう。

　ポンド危機直前、ERM加盟を維持するために、ポンドを高めに維持していたときでさえ、イギリスの経済成長率はマイナス1.5%「程度」ですんだわけです。その後、ポンド危機で為替レートが下落した結果、かえってイギリス経済は成長してしまったことは前述しました。

　さて、戦後最悪となる実質GDP成長率である以上、普通の政府は

図27-1　イギリスの実質GDP成長率の推移 90-09年

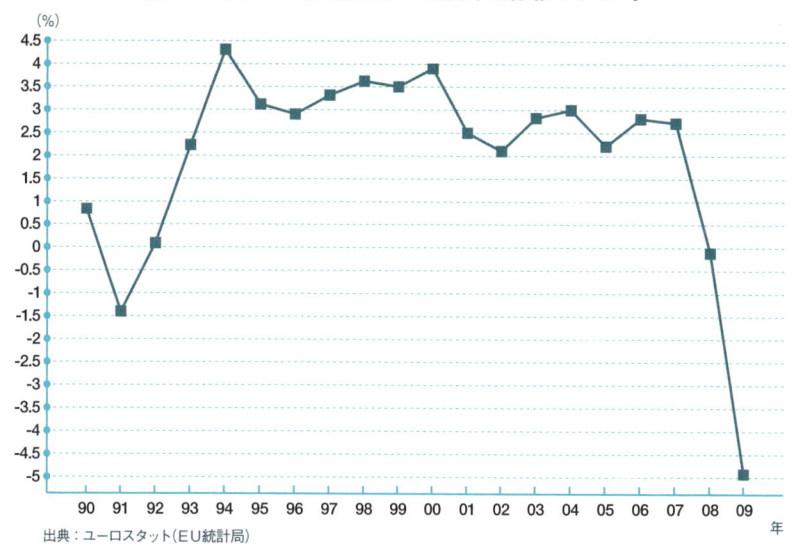

出典：ユーロスタット（EU統計局）

　景気対策を拡大しないわけにはいきません。ユーロ加盟国は、自国で金利の調整機能を持たないので、景気が最悪でも、緊縮財政に走らざるを得ません。しかし、イギリスは違うのです。

　イギリスは独自通貨国である以上、政府が英国債を増発し、金利が上昇していった際には、イングランド銀行が国債を買い入れることで金利水準を抑制できます。すなわち、**イギリス政府はユーロ加盟国とは異なり、政府がその気になれば財政支出を拡大し、景気悪化をそれなりに食い止めることができる**のです。

　とはいえ、イギリス政府が国債を増発すると、当然ながら財政赤字や政府の負債残高は拡大します。そして、財政赤字拡大や、政府の負債増加は、野党やマスコミにつけ入る隙を与えてしまうのです。

サブプライム危機後、先進国としては初の銀行取り付け騒ぎが勃発

　10年5月の総選挙まで、イギリスの政権を握っていたブラウン首相率いる**労働党**は、サブプライム危機後の景気低迷や銀行の経営悪化を

受け、財政出動や金融機関への資金注入に踏み切りました。なにしろ、イギリスではブラディ・チューズデイ後の07年9月16日に、先進国としておそらく「初」となる銀行取り付け騒ぎが発生してしまったのです。

　住宅ローンで国内第5位のノーザン・ロック銀行が、サブプライム危機で経営が極度に悪化し、イングランド銀行に支援を求めた結果、預金者が殺到したのです。イギリス政府は、当然ながらノーザン・ロックに支援を行い、事態の沈静化に努めました。

　さらに、翌08年には、300年近い伝統を誇る名門銀行であるロイヤルバンク・オブ・スコットランドが破綻の危機に直面しました。イギリス政府は200億ポンド（約2兆6000億円）もの資金を注入し、事実上の国有化に踏み切らざるを得ませんでした。また、イギリス政府は同時期に、金融保険グループのHBOSやロイズに対しても資金注入を実施します。

　さらに、イギリス政府は08年11月に、景気対策のために消費税を2.5％引き下げました。減税による景気拡大効果を狙ったわけですが、政府の歳入が減る以上、当然ながら財政は悪化せざるを得ません。

　ブラウン首相（当時）はイギリス政府の景気対策や金融機関への資金注入について、「異例なときだからこそ、異例な行動が必要だ」（08年11月24日）と講演で述べています。この発言はまことにごもっともなのですが、ブラウン政権において財政が悪化していった現実は、野党である保守党に巧く活用されてしまいました。

財政赤字拡大で労働党の支持率は著しく低下した

　総選挙の1年前である09年4月の世論調査では、与党である労働党は保守党に支持率で2倍近くも差をつけられてしまいます。理由は単純明快で、ブラウン首相率いる労働党の支持率が「財政赤字拡大」により、著しく低下してしまったためなのです。また、対する保守党の方が「小さな政府」を標榜し、ブラウン政権の財政赤字拡大を「政

府のムダ使いだ！」などと責め立てたのも功を奏しました。

　その後、労働党の支持率もジリジリと回復し、保守党との差も縮まっていきましたが、結局、間に合いませんでした。翌10年5月の総選挙において、労働党は保守党の前に敗北し、ブラウン政権が終わりを迎えます。

　とはいえ、保守党も全面勝利といった状態には程遠い状況でした。過半数におよばず、保守党は中道左派である自民党と連立政権を組まざるを得なかったのです。ちなみに、イギリスで連立政権が成立したのは、第2次大戦後、初めてのことです。

　そもそも、**経済成長率が戦後最悪の状況になるほど景気が落ち込み、金融機関が次々に破綻の危機に瀕するような状態で、政府が財政赤字を縮小できるはずがありません**。保守党の方も、おそらくそんなことは百も承知で、労働党政権の財政赤字を責め立てていたのでしょう。なぜならそれが、政権を獲る早道だからです。

　イギリスで政権交代が実現した理由は複数ありますが、**サブプライム危機やリーマン・ショックは確実に大きな理由**でしょう。景気悪化に対処するために財政赤字を増やすと、野党やマスコミから批判を浴び、十分な財政出動ができない。もしくは、政権がひっくり返ってしまう。この流れは、ある意味で民主主義国家の宿命とでもいうべき問題なのです。

A 世界同時不況でイギリスも景気が悪化し、財政赤字が増加。経済成長率も戦後最悪となっていました。十分な財政出動ができないと政権交代となるのは民主主義の宿命ともいうべき問題です。

第2章 欧州 世界同時不況が直撃! 黄昏の欧州は立ち直れるのか

Q28 財政破綻したアイスランドは、その後どうなっていますか?

「アイスランド破綻」のニュースは世界中に衝撃を与えました。その後、ギリシャなどの危機が伝えられ、忘れられた感もありますが、現在はどうなっているのでしょうか。

キーワード
財政破綻…政府が国債の償還ができなくなるなど、国家財政の資金繰りがつかなくなること

アイスランドの破綻は民間金融機関のデフォルトが原因

　実は、アイスランドは**財政破綻**していません。08年10月にアイスランドが破綻した際の経済主体は、民間の金融機関であって、政府ではないのです。**財政とはあくまで「政府の会計」を意味する概念**です。

　日本ではこの手の勘違いをしている人が、非常に多いのです。たとえば1997年におけるアジア通貨危機の際の韓国も、民間の金融機関が対外負債のデフォルトに陥ったのであり、政府の財政が破綻したわけではありません。「政府のデフォルト」と「民間金融機関のデフォルト」は、共に国家破綻であるといえますが、それにしても状況は全く異なるわけです。

　図28-1の通り、アイスランドの対外負債の9割以上は、08年10月までは民間銀行が背負っていました。その後、急速に民間銀行の対外負債が減少していますが、別に海外投資家が債権放棄したわけではありません。単に、統計上の対外負債が「民間銀行」から「その他」の中の「DMBs Undergoing Winding-up Proceedings」項目に移っただけの話です。

図28-1 アイスランドの対外負債内訳推移 00年1Q-10年2Q

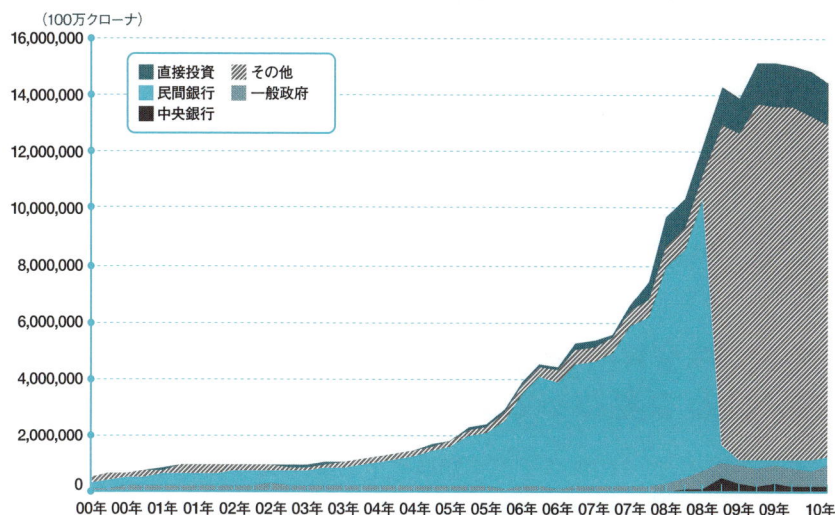

（100万クローナ）

凡例：
- 直接投資
- 民間銀行
- 中央銀行
- その他
- 一般政府

出典：アイスランド中央銀行

図28-2 アイスランドの実質GDP成長率 01-09年

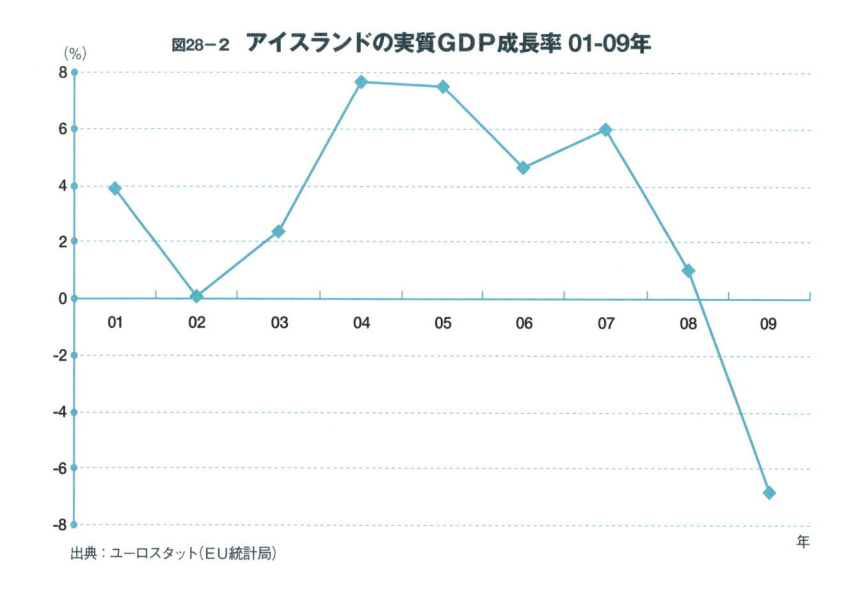

(%)

出典：ユーロスタット（EU統計局）

117

「DMBs Undergoing Winding-up Proceedings」とは、直訳すると「清算プロセスにある預金銀行」になるでしょうか。要するに、もともとアイスランドの民間銀行の対外負債だったものが、「破綻銀行の対外負債」に移ったというわけです。

とはいえ、アイスランドの主要銀行（カウプシング銀行、ランズバンキ銀行、グリトニル銀行など）は、ことごとく政府に国有化されました。国有化された「清算プロセスにある預金銀行」の負債である以上、この巨額対外負債は「アイスランド政府の負債」とみなすべきであるように思えます。

アイスランドの全体的な状況はなにひとつ変わっていない

いずれにせよ、10年第2四半期時点で、アイスランドには14兆3804億クローナ（約6兆6581億円）の対外負債があるわけです。09年のGDPが1兆4650億クローナ（約6783億円）ですから、**アイスランドにはGDPの10倍近い対外負債がある**計算になります。

この割合（対外負債対GDP比率）は、実は08年10月の破綻時から、あまり変わっていません。IMFなどから緊急支援を受けたため、対外負債の総額がほとんど減っていないからです。また、破綻以降のGDP成長率はマイナスで推移していますので、対外負債対GDP比率の分母が減少していっているという理由もあります。

要するに、アイスランドの全体的な状況は、なにひとつ変わっていないのです。対外負債をIMF融資などを活用して繰り延べることで、なんとか政府のデフォルトを防いでいるといった有り様です。

対外負債の返済はあまりにも巨額で、主力の金融業が復活しないかぎり無理

07年までの好景気の期間、アイスランドの民間金融機関が積み上げてしまった対外負債（今は政府管理下にあるため、事実上の政府負債）はあまりにも巨額で、主力の金融業が復活しないことには、返済のしよう

がありません。

　金融サービス以外のアイスランドの産業といえば、漁業やエネルギーになりますが、さすがにGDPの10倍近い対外負債を、これらの実需で返済するのは、全くもって不可能です。

　アイスランドの状況を端的に表すエピソードが、1つあります。

　08年10月以降、アイスランドの通貨クローナは対ドル、対ユーロなどで暴落しました。クローナの価値がほとんど半減するという、すさまじい為替レートの下落だったのです。

　結果、当然ながら輸入物価が跳ね上がりました。すると、輸入原材料費の高騰に耐えきれず、マクドナルドが同国から撤退してしまったのです。

　マクドナルドが1つの国から全面撤退するというのは、歴史上はじめてのことかもしれません。

> アイスランドは10年第2四半期時点でGDPの10倍近い対外負債があります。対外負債対GDP比率は破綻時からあまり変わっていません。破綻以降のGDP成長率もマイナスのままです。

2章のポイント

✓ ユーロ加盟国は中央銀行の機能をECBに委譲しています。つまり、ユーロ加盟国は、自国単独では金利の調整や決定ができない仕組みなのです。国債を買い取り、金利を抑制する機能を各国が持っていないので、危機に対応することがむずかしくなっています。

✓ EU経済が地域全体で回復する局面は、今後しばらくはあり得ません。独自通貨国であれば、変動相場制の下、経常収支を黒字化させるための通貨安ボーナスが働くのですが、経済が悪化したPIGS諸国やバルト三国はユーロ加盟国、ユーロ・ペッグ制の国で、少なくとも対ユーロについては、このボーナスが働かないわけです。これでは、経常収支黒字路線には向かえません。

✓ ギリシャ危機の原因は、ギリシャ政府の怠慢とユーロのシステム的問題です。税収が十分ではなかったギリシャは国債を発行することで年金や公務員の原資を得ていました。ギリシャは経常収支赤字国ですから、国内に過剰貯蓄があふれているわけではなく、政府は外国人投資家向けに「自国では金利調整が不可能なユーロ建て」で国債を発行せざるを得なかったのです。09年秋頃から、ギリシャの財政は悪化し、10年に入ると長期金利が2桁を超え、事実上の破綻を迎えたのです。

✓ 10年はドイツの経済成長率が東西ドイツ統一以降で最高となりました。ドイツは輸出依存度が高く、外需依存の国です。主要産業は、製造業で自動車や家電、航空機などの最終製品が圧倒的なシェアを占めています。ドイツは実需面、金融面を含め、EUやユーロの中心です。外需依存の国ですから巨額の経常収支黒字国で財政が均衡に近いので、ドイツ抜きでのEUやユーロは決してあり得ません。

第3章 中国

「経済成長」報道に隠れた真実

「めざましく経済成長する13億人の中国」「爆食！ 中国の消費力」「人民元が世界の覇権を握る！」などと、日本のマスコミはさも中国が著しく経済成長しているように伝えていますが、決して本当のことを伝えているとはいえません。中国は本当に経済成長しているのか、しているとしたら個人消費が要因なのか、また、人民元が覇権を握ることがあり得るのか――などの視点でリアルな中国を見ていきます。

第 3 章 中国「経済成長」報道に隠れた真実

Q29 中国の経済成長を支えているのは輸出ですか？

中国の経済成長は輸出によって支えられていると思っている人も多いのではないでしょうか。実態はどうなのか見ていきましょう。

キーワード
名目GDP…市場価格で評価したGDP
実質GDP…名目GDPから物価変動の影響を除いたもの

輸出は07年までは経済成長をけん引。リーマン・ショック以降は急減

　中国はGDPや成長率が、当局の「発表」ひとつで増えてしまう不思議な国です。とはいえ、それでも一応、統計数字をベースに分析してみましょう。

　図29-1は、中国の2000年以降の「名目GDP成長率」の絶対額と「総固定資本形成（＝投資）」「個人消費」そして「純輸出」の成長率をグラフ化したものです。00年時と比較し、09年は名目GDPの総額が3倍近くに増えていますが、これは中国のインフレ分（物価上昇分）も含んでいるためです。実質GDPが増えていなくても、インフレ率が高くなると名目GDPは勝手に成長していきます。

　さて、中国のGDPを成長させている「支出項目」はなんでしょうか？　輸出（正確には純輸出ですが）は確かに07年までは中国の経済成長をけん引していました。特に、05年には対前年比で150％も急成長しているわけですから、驚かされます。

　とはいえ、サブプライム危機からリーマン・ショックを経て、中国

図29-1 中国の名目GDP成長率 00-09年

出典：JETRO

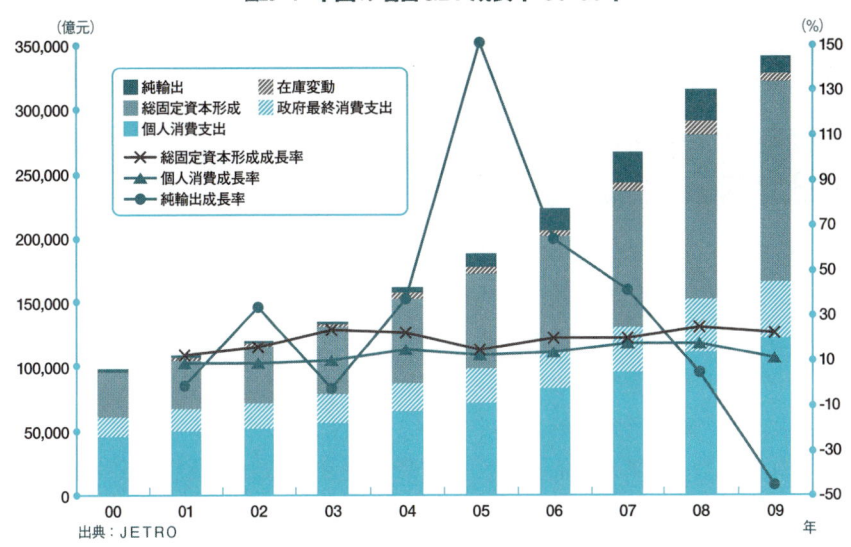

図29-2 中国の名目GDP百分比 00-09年

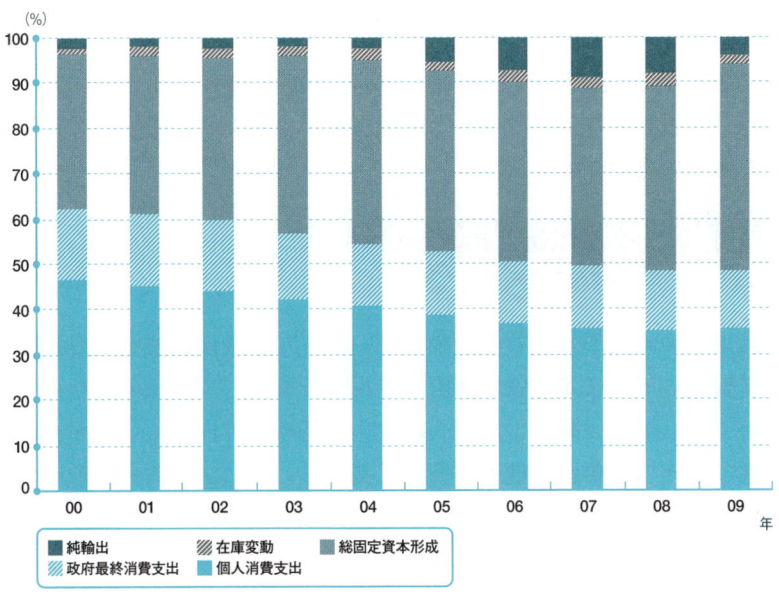

出典：JETRO

の純輸出の成長率は急減します。08年には対前年比で3.6％、09年にはマイナス46％と、ここ2年の中国の純輸出は、成長を後押しするどころか、足を引っ張ってしまっています。

中国の投資はGDPの45％という完全な投資依存経済

要するに「世界最大の需要項目」であるアメリカの個人消費が拡大するのを受け、中国の純輸出も膨張し、同じくアメリカの個人消費停滞と共に、中国の純輸出もまた縮小をはじめたというわけです。

サブプライム危機後の中国における成長の中心がなにかといえば、文句なしで総固定資本形成、すなわち投資になっています。総固定資本形成とは、民間の住宅投資、企業設備投資、それに政府の公共投資をまとめた需要項目です。

もともと、中国のGDPに総固定資本形成が占める割合は極端に大きかったのですが、それが09年には、なんと45％にまで急伸してしまいました（08年は40％）。

GDPに個人消費が占める割合が70％超のアメリカもすごいですが、中国の投資がGDPの45％を占めているというのも異様です。**アメリカが「消費依存経済」であるならば、中国は完全に「投資依存経済」**になっているのです。

中国と日本の高度成長期の成長モデルは全く違う！

純輸出の成長率は激しく変動していますが、**中国の投資の成長率は実に安定しています**。常に2桁の成長率を維持しているのみならず、少なくとも00年以降は常に個人消費の成長率を上回っています。

逆にいえば、**中国の個人消費の成長率は、これまた異様に低いのです。**

これは、中国政府が人民元安を維持することで人民（中国に「国民」はいません）の購買力を押さえ付け、かつ同国でまともな社会保障の

仕組みが構築されていないことに起因しています。

　人民元安で輸入物価が本来の水準より押し上げられ、さらに人民は健康不安や将来不安から貯蓄に励んでいるわけです。なにしろ、ここ数年の中国の家計貯蓄率は、毎年過去最高を更新しています。

　成長率が低いために、中国の名目GDPにおける個人消費の割合は、次第に下がってきています。00年時点では45％あった中国における個人消費対GDP比率ですが、今や35％台にまで下がってしまいました。

　ちなみに、日本の個人消費は高度成長期から現在にいたるまで、常にGDPの60％前後を占めています。

　日本のみならず、普通の先進国は個人消費がGDPの6割前後になっています。そういう意味で、中国の経済成長は、日本とは全く異なっています。

　輸出依存度も、現在の中国が25％弱であるのに対し、高度成長期の日本はせいぜい10％強でした。輸出依存度や個人消費のシェアに極端な開きがある以上、中国は日本の高度成長期とは全く異なるモデルで成長していることになります。

　日本が「日本型」の成長モデルで成長したように、中国は「中国型」のモデルで成長しているというわけです。

> **A** 確かに07年までは輸出が中国の経済成長をけん引していました。しかし、リーマン・ショック以降は急減。中国の成長率を支えているのは投資で、安定して2桁の成長率を維持しています。

第3章 中国「経済成長」報道に隠れた真実

Q30 中国が「好景気」といわれていますが、それはバブルですか？

世界同時不況の真っただ中、中国だけは好景気のように見えますが、それは本当なのでしょうか。見ていきましょう。

キーワード
管理フロート制…完全な変動相場制ではなく、その国の政府・中央銀行が管理して、一定の範囲内で自国通貨を管理する制度のこと

「成長率8％を達成せよ」が国家の至上命題

　07年のサブプライム危機以降、世界的な経済危機に直面した中国は、成長率激減の危機に直面しました。中国は「保八」を必達目標にするほど、GDP成長率に固執する「GDP成長至上主義国家」です。保八とは、「成長率8％を達成せよ」という意味です。成長率8％を達成できない場合、中国は失業問題が国家を揺るがすほど拡大してしまうといわれています。

　とはいえ、同じ8％成長であっても、公共投資拡大や製造業勃興、あるいはサービス産業の興隆では、それぞれの雇用創出力が全く異なります。すなわち8％成長を実現した「理由」により、生まれ出る雇用の規模は変わってくるのです。それにもかかわらず「8％成長を！」と叫ぶ中国共産党の真意は今ひとつわかりませんが、要するに「目安」ということなのでしょうか。

　中国共産党は、表向きの経済成長率向上のためであれば、なんでも許容します。自国の環境を完膚（かんぷ）なきまでに破壊し、人民（しつこいです

図30-1 中国主要70都市の住宅販売価格 対前年同月比 06年1月-10年11月

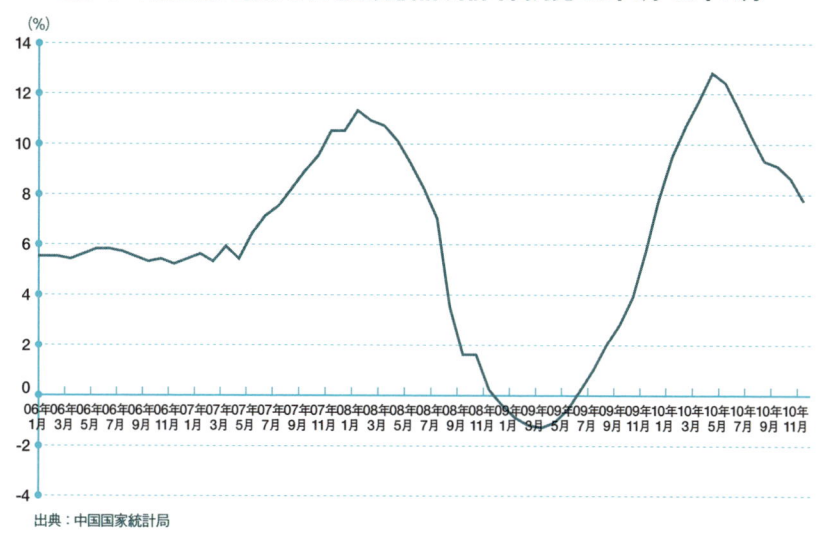

出典：中国国家統計局

が、中国では「人民」です）を地獄に突き落とそうとも、テナントが全く入らないビルを乱立させようとも、全く気にしません。

　なにしろ、中国共産党の「権威」は、同国に「高い経済成長率をもたらしている」ことのみに依存しているのです。自国の成長率が低迷すると、独裁政権である共産党の権威が失墜し、国内が大きな混乱に陥ってしまうわけです。サブプライム危機やリーマン・ショックで世界経済が大混乱になろうとも、中国共産党は自国の経済成長の大幅な減速だけは、なんとしても回避しなければならなかったのです。

ドル固定相場制の復帰が輸出の落ち込みを防いだ

　世界的な金融危機および需要縮小を受け、中国共産党政府は主に以下の3つの対策を実施し、経済成長率の低下を食い止めようとしました。
（1）08年7月。中国は人民元を「管理フロート制」から「ドル固定相

場制」に戻しました。その後、アメリカとのあつれきが強まる10年6月まで、人民元の対ドルレートは1ドル6.8人民元前後で固定されていました。

(2) 共産党政府が総額50兆円を超える、大規模な財政出動（公共投資など）を実施しました。

(3) 共産党政府が銀行に対し「融資指示」を実施しました。とにかく、お金を貸せるだけ、貸し付けさせるという、極端な金融政策を採ったのです。

上記対策のうち、「ドル固定相場制への復帰」は、中国の輸出維持に貢献しました。**08年以降、確かに純輸出が落ち込みましたが、少なくとも他の国と比べ、「相対的」には輸出の落ち込みを防ぐことができたのです。**

もちろん、世界全体の貿易規模が縮小した以上、影響が全くないなどということはあり得ません。しかし、それにしても中国は世界的な需要縮小の影響を「最小限」に押さえ込むことに成功しました。

また、中国が実施した大規模な財政出動についても、同国の内需下支えに貢献したのは間違いありません。中国共産党政府自身も、この時期の財政出動については適正であったと評価しているようです。

一般の民主主義国家では、中国のように政府が財政出動を拡大すると、野党やマスコミが「国の借金を増やすな！　ムダ使いをやめろ！」などと、批判の大合唱がはじまります。日本やイギリスの例を見れば、ご理解いただけるのではないかと思います。

ところが、中国は共産党独裁国家で、野党が存在しません。マスコミもすべて共産党の支配下にありますので、「財政出動はムダだ！」などと主張する人は、逮捕拘禁してしまえばいいわけです。

結果、中国は日米英欧などの民主主義国家に比べ、「十分な財政出動」を早期に実施することができました。現在のように世界的な景気悪化時には、財政出動が容易な「独裁国」の方が経済成長路線に戻りやすいのです。たとえば、1930年代の世界大恐慌からもっとも早く立ち直ったのは、ナチス・ドイツに主導されたドイツでした。理由は現

在の中国と同じく、「十分な財政出動」を早期に実施できたためです。

政府の融資支持が現在の不動産バブルを作った

さて、人民元の固定相場制への回帰や財政出動は、中国経済の成長（といいますか、下支え）に貢献しましたが、最後の銀行への「融資指示」はどうなったでしょうか。実は、この共産党政府の「融資支持」こそが、現在の不動産バブルの主因なのです。

「政府の指示」を受け、銀行はいわれるままに融資を拡大しました。ところが、銀行からお金を借りた企業側にしてみても、実需が高まらない中で設備投資を拡大するリスクは冒せません。結果、**09年に銀行から企業に貸し出された新規融資130兆円のうち、半分近くが株式や不動産に「投機マネー」として流れてしまった**のです。

中国の不動産価格は、すでに対前年比でピークを打ちました。さすがに09年の極端な不動産価格高騰には、共産党政府も恐れを抱いたようです。政府は10年のはじめから、銀行の預金準備率を何度も引き上げ、2軒目以降の不動産購入者への融資基準を厳格化するなど、バブル沈静化のために様々な手を打っています。

中国の不動産バブル崩壊は、すでに「いつ、どれだけの規模をもって崩壊するか」が問われる段階にいたっています。なにしろ、中国当局が今回の不動産バブルを「悪しきもの」として捉え、抑制に躍起になっているわけです。中国共産党政府がバブル抑制に舵を切った以上、不動産価格が頭打ちになるのは確実でしょう。

中国政府は、3つの対策で需要縮小を食い止めました。この中の融資指示で投機マネーとして流れた不動産の価格が上昇しましたが、これはバブルだと政府も捉え、抑制に舵を切りはじめました。

人民元は基軸通貨になるのですか？

Q31

日本のマスコミでは「元が基軸通貨になる日も近い」などと中国をもてはやしていますが、本当にそうなのでしょうか。見ていきましょう。

キーワード
金本位制…金を通貨価値の基準とする制度。中央銀行が、発行した紙幣と同額の金を常時保管し、金と紙幣との兌換を保証するというもの

元が基軸通貨になることはあり得ない！

　上海に立ち並ぶ高層ビルの映像や写真を見せながら「中国経済の成長」を輝かしいものとし、「人民元はアメリカ・ドルに代わって基軸通貨になる！」などとマスコミで伝えられることがありますが、断言します。そんなことはあり得ません。

　すなわち、「人民元は基軸通貨になるのですか？」への答えは、「現時点では、絶対にあり得ません」になります。「100年後も無理ですか？」と聞かれると、さすがに明快な回答はできませんが…。

　いまだにハードカレンシー（国際決済通貨）どころか、変動相場制さえ実現できない人民元が「基軸通貨」になるなど、算数の勉強をはじめた小学1年生が、2次方程式を解こうとするようなものです。

　そもそも、基軸通貨とはなんでしょうか？　基軸通貨とは、国際間の貿易決済や金融取引の基軸となる「ある国の通貨」を意味します。ある国とは、「ある地域」でもかまいませんので、ユーロが基軸通貨になる可能性もあるわけです。

図31-1 人民元の対ドル為替レートの推移 06年1月-10年1月

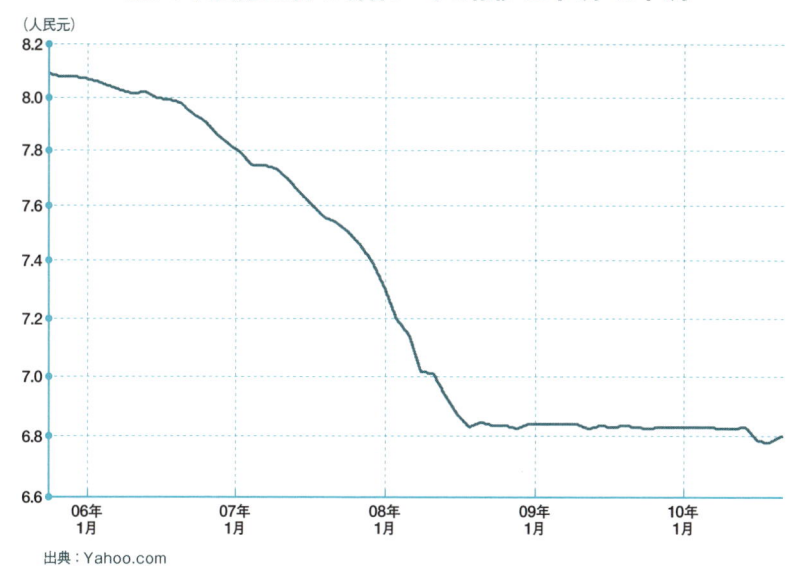

(人民元)

出典：Yahoo.com

　歴史的には、第1次世界大戦まではイギリス・ポンド、それ以降はアメリカ・ドルが基軸通貨の役割を果たしていました。イギリス・ポンドは金本位制に基づく兌換紙幣（金貨や銀貨との交換が前提とされていた紙幣）でした。それに対し、アメリカ・ドルは1971年のニクソン・ショックまでは兌換紙幣、それ以降は不換紙幣です。

　基軸通貨とは、一般的に以下の3つの条件を満たすことであると考えられています。
(1) 国際間の貿易や資本取引において、広く使用される決済通貨
(2) 各国通貨の「評価の基準」となる基準通貨
(3) 中央銀行などの通貨当局が、外貨準備として保有する準備通貨

アメリカ・ドルが基軸通貨たる理由は？

　上記の普遍的な基準の他にも、アメリカ・ドルが世界の基軸通貨である理由が2つあります。1つ目は、**格付け機関がAAAと評価し、**

世界でもっとも信用がある「債券（その割に、金利水準は日本よりも高いのですが…）」である米国債が、ドルで償還や利払いが行われていることです。そして2つ目が、**現代文明の基幹をなすエネルギー資源である「原油」の多くが、ドルにより決済されていることです。**

特に、原油のドル決済は重要です。なにしろ、原油決済がドルで行われる以上、アメリカは「ドルを印刷」するだけで、中東から原油を購入することができるのです。

また、中国が為替レートの人民元安を維持するために為替介入するたびに、莫大な「ドル」が中国当局の手元に残ります。これがいわゆる「外貨準備」ですが、ドルをそのまま持っていても、金利は生みません。そのため、為替介入で得たドルは、通常は米国債で運用されます。すなわち、アメリカ政府に貸し付けられるわけです。

中国などの貿易黒字国が為替介入を繰り返し、米国債購入を続ける限り、貿易決済の際に流出したドルがアメリカに還流します。あるいは、証券化商品の購入も同様です。米国債にせよ証券化商品にせよ、アメリカ政府やアメリカ国民の「借金」が輸出されるという構図は同じなのです。**借金を輸出することで、ドルがアメリカに戻ってくる限り、ドルが他通貨に対して暴落することはありません。**これもまた、アメリカ・ドルが基軸通貨の地位を維持している理由の1つです。

大前提であるハードカレンシーでもない人民元が、基軸通貨になるのは夢物語

次に「ハードカレンシー」について解説いたします。ハードカレンシーとは、国際的な金融市場において、他国の通貨との「自由な交換」が可能な通貨を意味しています。当然ながら、他国通貨と「自由な交換」を実現するには、複数の条件が満たされなければなりません。すなわち**信用が高く、通貨発行国の供給能力が十分にあり、国際的に開かれた金融システムを保有していること**です。

当たり前ですが、いまだに変動相場制を採用することすらできない人民元の場合、信用は全く高くありません。信用とは、あくまで「市

場原理」に基づき為替レートが適切な水準に変動する、人為的もしくは政治的に変動させられることは少ないという意味においての信用です。少なくとも人民元は、「信用」という面ではハードカレンシーの条件を全く満たしていません。

また、中国は「通貨発行国の供給能力が十分にある」という条件は満たしていますが、国際的に開かれた金融システムを保有しているわけでもありません。そもそも、中国共産党の都合で1ドル6.8人民元に固定されてしまうような通貨である以上、ハードカレンシーもなにもあったものではないのです。

すなわち、**人民元は基軸通貨云々以前に、基軸通貨の大前提となるハードカレンシーすらも実現できていないのが、現時点での人民元です**。中国が人民元の変動相場制に踏み切らないのは、自国の輸出競争力が変動相場の下では持たないことを自覚しているためです。

正直、「その程度の通貨」についてマスコミでは基軸通貨云々の話が出てくるわけですから、頭が痛くなってきます。中国が基軸通貨国になるとマスコミの方々が信じるのは自由ですが、ハードカレンシーとはいいませんので、せめて同国が変動相場制に移行してから口に出すようにして欲しいと切に思います。

現時点では、人民元の基軸通貨など、まさしく夢物語としかいいようがないのです。

> 人民元は変動相場制を採っておらず、基軸通貨の大前提となるハードカレンシーすらも実現できていません。現時点では、人民元の基軸通貨など夢物語です。

第3章 中国「経済成長」報道に隠れた真実

Q32 中国の投資家が、日本の国債を買い増していく可能性はありますか?

中国が日本国債の購入をはじめたのを機に日本のマスコミは「日本は中国に支配される!」などと国民の危機感をあおるような報道をしていましたが、どうなのでしょうか。

キーワード
通貨バスケット制…ドルや円といった主要通貨で構成するバスケットに自国の通貨を連動させる固定相場制のこと

経常収支黒字国でデフレの日本は、海外向けに国債を発行する必要はない

　結論からいいますと、中国が10年6月から日本国債の購入をはじめたのは、単純に外貨準備の一部として日本円を採用したためです。

　中国が少々日本国債を購入すると、日本のマスコミや経済評論家は「日本国債は中国に買い占められ、将来的に日本は中国に支配されることになる」などと、意味不明な妄想を叫び出すので、本当に困ったものです。逆に、少し前までは「日本国債は買い手がつかず、暴落して財政破綻する!」などと主張していたりして、始末に負えません。

　日本国債の外国人保有率が低い時期は「日本国債は誰も買い手がつかず、政府は財政破綻する」と主張し、中国などが買い出すと「日本は中国に支配される」などといい出すわけです。日本のマスコミや経済評論家は、どうしてこうも国民の危機感をあおるのが好きなのでしょうか。

　さて、現実の日本国債に関する保有者別シェアの最新データは、図32-1の通りです。

図32-1 日本国債の保有者別シェア 09年末時点

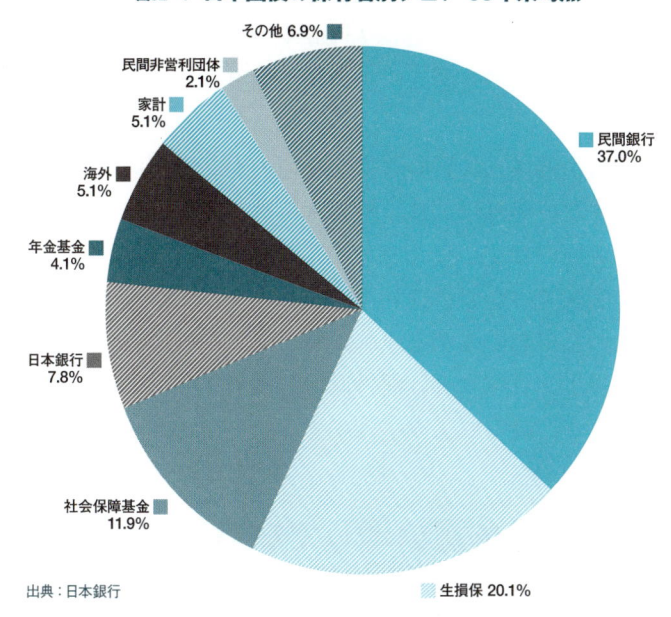

- 民間銀行 37.0%
- 生損保 20.1%
- 社会保障基金 11.9%
- 日本銀行 7.8%
- 年金基金 4.1%
- 海外 5.1%
- 家計 5.1%
- 民間非営利団体 2.1%
- その他 6.9%

出典：日本銀行

図32-2 米国債日中保有残高(左軸)および海外保有残高総計(右軸)

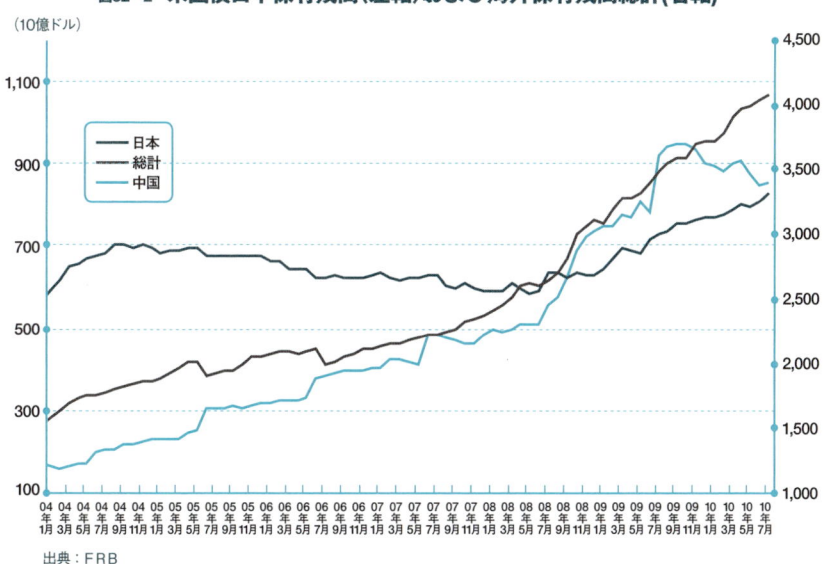

（10億ドル）

凡例：日本、総計、中国

出典：FRB

09年末時点における日本国債の保有者は、その95％が日本の金融機関もしくは日本の家計です。外国人（海外）のシェアは、わずかに5.1％にすぎません。**日本の外国人による国債保有シェアは、間違いなく世界最低レベル**です。

　なぜ日本国債が外国人に買われていないのかといえば、金利の低さ云々もありますが、それ以上に「**外国人に買ってもらう必要がない**」という点が大きいのです。

　経常収支黒字国で、かつデフレに悩む日本は、国内に「投資先がないお金」すなわち過剰貯蓄があふれています。国内に過剰貯蓄がありあまっている以上、日本政府は海外向けに国債を発行する必要はないのです。その点が、経常収支赤字国のギリシャやスペインなどとは大きく異なります。

中国が日本国債を買い増しているのは、通貨バスケット制に移行したから

　さて、中国が日本国債を（ちなみに円建て）買い増しているのは、中国が10年6月に、ドル固定相場制から**通貨バスケット制**に移行したためです。前述した08年7月以降のドル固定相場制（127頁参照）について、アメリカ議会などから猛烈な反発を買い、中国は妥協点としてドル・ペッグの解除に応じざるを得なかったのです。

　とはいえ、いきなり変動相場制を導入するのはリスクが高すぎるため、まずは自国通貨を複数の外貨に連動させる「半固定相場制」ともいえる、通貨バスケット制を採用したというわけです。

　通貨バスケット制を採用する場合、日本円も当然ながら中国保有の外貨として「バスケット」の中に入れられます。中国はこれまで外貨準備をドル中心で運用していたのですが、今後は日本国債などでも運用しなければならないというわけです。実は、ただそれだけの話なのです。

　政府の通貨バスケット制移行により、日本国債が買い増されている以上、中国の買い手は「中国政府」ということになります。というわ

けで、「中国の投資家が日本の国債を買い増していく可能性はありますか？」という質問は的外れです。正しい問いは「中国政府が日本国債を買い増していく可能性はありますか？」になるわけです。

マスコミがあおるような「日本は中国によって支配される」はずがない！

　いずれにせよ、現時点で日本国債の95％は日本国民（≒日本の金融機関）に保有されています。中国が少々日本国債を買い増したところで、マスコミがあおるような「日本は中国によって支配される」云々になるわけがありません。現時点でアメリカ国債の海外投資家保有者シェアのうち、中国、日本の両国が共に５％弱を占めていますが、誰も「アメリカは日中両国により支配されている」などとは叫ばないのと同じです。

　中国の米国債保有残高は、09年10月をピークに減少しつつあります。同国が通貨バスケット制を採用した以上、今後はユーロ建て国債（ドイツ国債など）や日本国債の割合を高め、米国債の割合が下がっていく可能性が高いと考えられます。

> 中国が日本の国債を購入しはじめたのは、通貨バスケット制に移行し、外貨準備の一部に円を採用したためです。ただそれだけなので、「中国の日本支配」といった不安を抱く必要はありません。

第3章 中国「経済成長」報道に隠れた真実

Q33 中国国内での格差はどのくらいですか？

日本でもかつてメディアが「格差！格差！」と騒いでいましたが、今やあまり聞かれなくなっています。中国は人口や国土だけでなく格差も大きいのです。見ていきましょう。

キーワード
所得格差…貧富の差である経済格差のうちフローの部分である所得の格差

中国の地域の所得格差は10倍超！

　格差といっても様々な種類がありますが、本節では主に「**所得格差**」について考えてみましょう。図9-1（45頁）で世界主要国のジニ係数をご紹介しましたが、この時点で中国の所得格差は、すでにアメリカを上回る水準に達しています。

　中国社会科学院によると、中国のジニ係数は、08年時点で0.48にまで上昇しています。ジニ係数は0.4を超えると社会不安を引き起こし、0.5を超えると恒常的に暴動が起こるといわれています。**中国の所得格差は、国全体で見てもすでに危険水域に入っている**のです。

　中国の場合は国土が広く、民族関係も複雑であることから、格差問題も複雑化しています。すなわち、**現在の中国には少なくとも「富裕地と貧困地」「都市と農村」「富裕層と貧困層」という、3つの格差問題が混在している**のです。

　「富裕地と貧困地」の格差とは、ズバリ「地域の所得格差」になります。中国でもっとも所得水準が高いのは、もちろん上海です。逆に、もっとも貧しいのは貴州省になります。この2つの地域の所得格差が、

図33-1 中国の所得格差

(%)

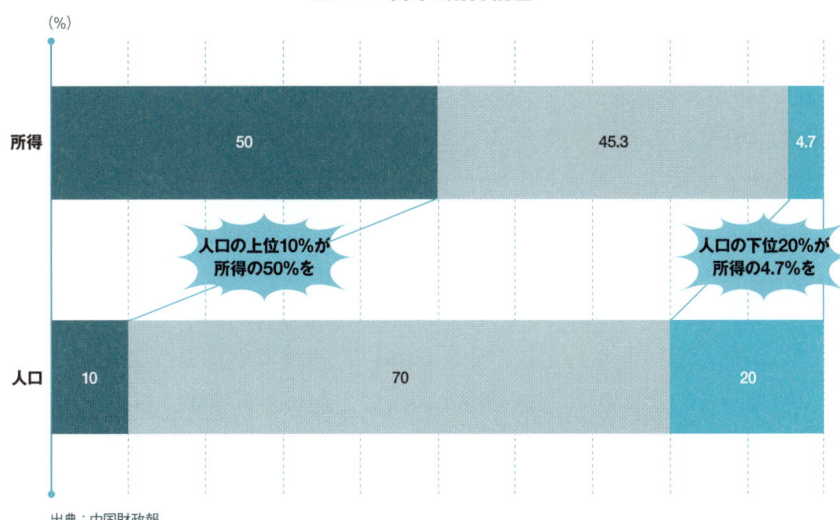

所得 | 50 | 45.3 | 4.7
人口 | 10 | 70 | 20

人口の上位10%が所得の50%を

人口の下位20%が所得の4.7%を

出典：中国財政報

軽く10倍を超えるのです。上海住民は、貴州省に住む人々の10倍の所得を得ているということになります。とても同じ国とは思えません。

ちなみに、総務省統計局によると、日本でもっとも所得水準が高いのは東京都で、逆にもっとも低いのが沖縄県になります。それにしても、この両地域の所得格差はせいぜい２倍強でしかありません。中国は地域の所得水準ひとつとっても、日本よりもはるかに格差が大きな国なのです。

10％の富裕層が全所得の50％を占めている

２つ目の中国の格差「都市と農村」ですが、これは農村住民か都市住民かにより、所得水準に大きな開きが出ているという現実を意味しています。10年９月10日に中国国務院が発表した「中国の人的資源状況」によると、08年の中国都市住民１人当たり年間可処分所得は１万5781元（約20万円）となっています。それに対し、農村住民１人当た

りの年間可処分所得は、4761元（約6万円）でした。

　都市住民と農村住民の可処分所得の差は、3.3倍ほどになります。しかし、現実には名目的な所得の差に加えて、医療保険や養老保険（年金）の格差もあります。たとえば、中国の年金である養老保険の場合、優遇されている都市部労働者でさえ、半分近くが未加入状態です。ところが、農村部はそれどころではなく、わずかに1割強しか養老保険に加入していないのです。この種の社会保障上の格差を加えると、実質的な都市住民と農村住民の所得格差は6倍程度であると考えられています。

　しかし、なによりも今後の中国において問題になりそうなのは（すでになっていますが）、「富裕層と貧困層」の格差になります。

　中国の経済専門紙「中国財政報」によると、**現在の中国では、人口の10％を占める富裕層が、全所得の50％を占めている**とのことです。逆に、**人口の20％を占める貧困層の所得は、わずかに全所得の4.7％**にすぎないのです。

　ちなみに、日本の最上位10％人口の所得シェアは20％程度、逆に最下位20％人口の所得シェアも10％程度です。日本がある意味で「平等すぎる」のかもしれませんが、それにしても、中国がアメリカ並みに貧富の差が激しい格差社会であるのは確実です。

　なんといいますか、中国という国は都市部の富裕層が、農村部などに住む貧困層の犠牲の下に繁栄を謳歌する、「国内植民地」的な構造になっているとしか思えません。都市部の富裕層は、当然ながら中国共産党と政治的に結びついており、この種の植民地的な搾取構造を覆せない仕組みになっています。

中国のジニ係数は09年には暴動がたえない危険水域に

　恐ろしいことに、中国の所得格差は解消するどころか、悪い方向に向かっているようです。中国社会科学院が10年はじめに発表した「社会青書」によると、同国のジニ係数は08年の0.48から、09年は一気

に0.61にまで上昇したとのことです。これは、恐るべき数値です。社会不穏を通り越し、暴動がたえない水準と断言できます。

実際、格差拡大と共に中国では暴動件数が大幅に増えており、（まだジニ係数が恒常的に暴動が起こるといわれている0.5を超えていない）05年ですら8万7000件に達していました。1年間に暴動が8万回以上発生するわけです。どれほど荒んだ社会であるか、日本人には想像がつかないでしょう。ジニ係数から見る限り、暴動件数は今も増加していることは確実です。実際、社会青書最新版においても、「群集によるデモや抗議暴動の件数は依然として多い」とされています。ところが、中国共産党は06年以降、毎年の暴動件数を公表しなくなってしまいました。理由は不明です。

さて、09年にジニ係数が一気に悪化したのは、Q30で解説した銀行への「融資指示」などで、株式や不動産のバブルが生じ、貧富の差が拡大したためと考えられています。なにしろ、不動産バブルひとつとっても、一部の地域では庶民の年収の50倍水準にまで住宅価格が高騰してしまったのです。これでは格差が拡大するのはもちろん、実際に住宅を購入したい庶民の手が届かなくなり、不満が爆発的に広がってしまうでしょう。

日本では、05年頃に、メディアが「格差！ 格差！」と騒いでいたことがありましたが、今やあまり聞かれなくなってしまいました。現実の日本は世界でも指折りの「格差が少ない」社会である以上、当たり前なのです。本物の「格差社会」がどれほど悲惨か知りたければ、中国で暮らしてみることをお勧めいたします。

> **A** 所得格差を測るジニ係数を見ると、中国は0.61まで上昇したとのこと。貧富の差が激しく、人口の10％の富裕層が全所得の50％を占め、20％の貧困層は全所得の4.7％にすぎないという格差です。

第3章 中国「経済成長」報道に隠れた真実

Q34 中国の人件費が上がっていると聞きますが、実態はどうなのですか？

日本のマスコミは「爆食！ 中国の消費力」などと中国の個人消費を持ち上げる報道をしていますが、本当に消費は伸び、人件費も上がっているのでしょうか。

キーワード
改革開放政策…鄧小平(とうしょうへい)の指導体制の下で開始された、中国国内体制の改革および対外開放政策のこと

中国では個人消費が相対的に伸びていない

　Q29にも書きましたが、08年以降の中国の経済成長は、主に投資(GDP上の総固定資本形成。政府の公共投資含む)に依存したものです。特に、09年は世界的に需要が縮小し、中国の純輸出は激減してしまいました。「保八」(126頁)を達成するために、中国共産党は国内の投資依存を深めるしか方法がなかったのです。

　日本のメディアや経済評論家の方々は「13億人の中国の個人消費！」なる表現をするのが大好きです。本当に中国の個人消費が順調に成長しているのであれば、中国共産党の苦労も相当に緩和されるでしょう。

　ちなみに、09年の投資をゼロ成長と仮定すると、中国の同年における名目GDPの成長率もゼロになってしまいます。そういう意味で、サブプライム危機やリーマン・ショックを受け、**中国共産党が国内の投資活性化により経済成長を目指した戦略自体は、間違っていなかった**といえます。なぜなら、他に方法がないからです。

　中国で個人消費が相対的に伸びず、GDPに占めるシェアが下がっ

表34-1 中国における最低賃金引き上げ動向 10年

地方・地域	具体的な最低賃金引き上げの内容
蘇省(杭州・寧波など)	2月から850元→960元(約13%引き上げ)
上海市	4月から960元→1,100元(約15%引き上げ)
浙江省(蘇州・無錫など)	4月から960元→1,100元(約15%引き上げ)
深セン市	7月から1000元→1,100元(10%引き上げ)
東ガン市	7月から770元→920元(19.5%引き上げ)
広州市	5月から880元→1,100元(25%引き上げ)
北京市	7月から800元→960元(20%引き上げ)
天津市	4月から820→920元(約12%引き上げ)

ているのは、複数の理由によります。1つ目はもちろん、**人民元を安く抑えることで、人民の購買力を奪い取っているため**です。

人民元が上昇すると、当然ながら中国の輸出競争力は低下します。しかし、逆に「輸入力」は上昇するのです。元高で中国に「より安価になった」外国製品が流入すると、必然的に中国人民の消費は拡大します。

中国は国民経済が十分に成長する前に、人民元安による外需依存の成長戦略を採用してしまいました。結果、輸入が十分に拡大することもなく、個人消費も相対的に低成長に甘んじざるを得なくなったのです。

社会保障が不十分で「消費」よりも「貯蓄」に励む人民

2つ目の理由ですが、**中国では健康保険や年金などの社会保障が不十分で、人民が自己防衛のために貯蓄に励まなければならない**という

問題があります。厳密に書くと、鄧小平以前、つまり78年以前の共産中国は、社会主義的な社会保障がそこそこ充実していました。確かに当時の中国は大変貧しく、社会保障の水準も低かったのですが、少なくともゼロではなかったのです。ところが、鄧小平の改革開放以降の中国は、国有企業の解体などが原因で、次第に社会保障制度が機能しなくなります。

最終的には、社会保障はアメリカ的な「自己責任」の世界に突入しました。さらに、資本主義というよりは「金権主義」が蔓延し、医療費も高騰しました。たとえば、上海の可処分所得は09年には月2403元（約3万円）程度ですが、病院の平均医療費は、1回の診療あたりで、なんと500元（約6200円）にもなるのです。病院に1回行くと、月収の5分の1近くが吹き飛ぶ計算になります。こんな状況で、個人消費を拡大しろといわれても、無理があるでしょう。

10年春頃からストライキ続発！「人件費の安い中国」は終焉

さて、中国で個人消費が盛り上がらない3つ目の理由ですが、これがまさしく**「人件費」の問題**になります。現在の中国において、どれほど「過激に」人件費が押さえ込まれているか。これはGDPと人件費の乖離（かいり）を見れば、一発で理解できます。

中国の国民所得、すなわち、国民1人当たり名目GDPは、09年数値で3678ドル（IMF調べ）でした。すなわち、日本円にして31万円ほどになります。それに対し、現実の可処分所得は前述の通り、都市住民1人あたりで年間1万5781元（約20万円）、農村住民1人あたりではわずかに4761元（約6万円）なのです。

たとえば、日本の場合は09年の国民所得が3万9731ドル（約338万円）でした。対して、09年の可処分所得は、約471万円となっています。可処分所得が、国民所得を上回っているわけです。

中国の人件費が押さえ付けられている理由は明白です。「安い人件費」で海外資本を惹き付け、安価な製品を大量に製造し、それを輸出する

ことを成長戦略の中心に据え置いているためです。これは中国が78年に改革開放政策に乗り出して以降、全く変化していません。

ところが、世界的な需要の低迷や高齢化社会の到来を控え、中国共産党は外需（純輸出）や投資依存の経済では、成長路線を維持できないと判断したようです。結果、10年春頃から、日本資本や台湾資本の中国工場で、大規模な労働争議が頻発するようになりました。5月から7月にかけ、少なくとも43社でストライキが発生したといわれています（うち、日系企業は7割）。

ちなみに、中国人民に「ストライキ権」は認められていませんので、これらのストライキに共産党政権の意思が入っていないわけがありません。**中国共産党は党の意思として、外資系企業に人件費アップの圧力をかけているということになります。**

また、同じく中国共産党は、11年からはじまる新たな5カ年計画において、労働者の賃金を現在の2倍にする計画、すなわち「所得倍増計画」を盛り込む検討に入ったとされています。実際、中国の地方政府は、現在、こぞって最低賃金の引き上げに乗り出しています。

「安い人件費の中国」の時代は、そろそろ終焉を迎えようとしているといえるのです。

また、現在の中国は、インフレが問題になりつつあります。物価上昇に賃金を追いつかせるためにも、今後の中国の人件費は上がらざるを得ないでしょう。

> 中国は「安い人件費」で海外資本を惹きつけ、安価な製品を製造し輸出することを成長戦略の中心としていました。ですが、不況でその戦略では成長路線は維持できなくなり、党の方針として人件費アップに乗り出したわけです。

第3章 中国「経済成長」報道に隠れた真実

Q35 今後も中国の経済成長は続いていきますか?

中国は人口の多さと消費力で成長しているようにマスコミなどでは伝えられていますが、実情はそんな単純なものではないようです。

キーワード
民工…農民工の略。中国内陸部から沿海部(広東省広州、上海など)に出稼ぎに行く地方出身者の総称

中国共産党が中国を成長させ続けなければならない理由

　中国共産党政府は、中国を「成長させなければなりません」。

　なぜなら、**中国共産党という政府は、人民から選挙で選ばれたわけでもなく、「経済を成長させている」実績により、党の権威が保たれている**からです。

　中国の成長率が鈍化し、あるいはマイナス成長に落ち込むと、独裁政権に対する人民の反発を抑えきれなくなります。それ以前に、中国共産党という組織は、日本人にしてみれば想像を絶する**内部闘争を繰り返す独裁政党**です。経済成長率を低迷させてしまった党の責任者は、確実に失脚することになります。

　中国共産党の内部闘争は、本当に熾烈かつ苛烈です。なにしろ、創立メンバーの中で、死ぬまで共産党内において幹部であり続けた人物は、毛沢東と董必武の2人のみといわれているほどなのです。現在の中国共産党も、団派(中国共産主義青年団出身者の派閥。現在の国家主席である胡錦濤氏など)、太子党(共産党第1世代の子弟の派閥。現ナンバー2であ

図35-1 中国の実質GDP成長率 80-09年

出典：IMF

る常務委員長の呉邦国氏など)、上海閥（前国家主席の江沢民氏の派閥。現国家副主席の習近平氏など）の3つの派閥に分かれ、激烈な権力闘争が繰り広げられています。

中国の実質的な失業者は2億人？

　さて、経済成長の定義は「GDPを拡大すること」になります。そして、GDPとは「個人消費（民間最終消費支出）」「民間投資（民間住宅と民間企業設備）」「政府支出（政府最終消費支出と公共投資）」そして「純輸出」の合計です。08年以降の中国共産党は、人民元を対ドル固定相場に戻すことで「純輸出」を支援し、50兆円を超える財政出動で「政府支出」を拡大し、さらに銀行への融資指示で「民間投資」を下支えしようとしたわけです。銀行の融資拡大が不動産バブルに結びついてしまったのは誤算でしたが、それ以外は相対的にうまくいったといえます。なにしろ、**世界中がマイナス成長に苦しむ中、実質GDP成長率を8.7%**

「程度」に下げるだけですんだわけですから。

　問題は、今後の成長戦略です。

　現在、アメリカが国内製造業と輸出の拡大による雇用環境の改善を目指しており、人民元の為替レートをめぐる米中のあつれきが激しくなっています。10年3月には、アメリカからの人民元引き上げ圧力をかわすために、温家宝首相が「**アメリカには200万人失業者がいるのかもしれないが、中国には2億人の失業者がいる！**」と発言し、話題を呼びました。中国の実質的な失業者数が2億人を超えるという話は、以前から専門家の間ではささやかれていたのですが、それを首相自ら認めた形になったのです。

　ちなみに、中国共産党政府は中国全土の失業率を発表していません。それ以前に、きちんと把握しているのかどうかさえ疑問視されています。日本の新聞などで、時折「中国の失業率4.x％！」という報道がされています。この失業率は「登録失業率」であり、全土の失業率ではないので注意してください。

　登録失業率とは、都市戸籍を持つ者であり、かつ失業登録をしている人々のみをカウントしたものです。同じ都市部の失業者であっても、失業登録をしていない人や、農村部からの出稼ぎ労働者、いわゆる民工で仕事を失った人は含まれていません。さらに、中国の都市部以外の失業者もカウントされていないわけですから、結局のところ発表になんの意味があるのかさっぱり理解できません。「中国の失業率はこれだけ低いのです。中国は大発展しているのですよ！」と、共産党政府が外部にアピールする以外には、意味を見出せないのです。

中国の経済成長は政府が公共投資などで下支えをするしかない

　いずれにせよ、中国の雇用環境がどうであれ、アメリカが失業率高止まりで苦しんでいることに変わりはありません。人民元は、いずれ大々的な切り上げを余儀なくされるか、あるいは少しずつ上昇していくことになるでしょう。

また、さすがに中国の不動産バブルは、これ以上膨張させてしまうと危険です。インフレ率が高まってきたことを受け、10年12月、中国共産党は金融引き締めに乗り出しました。同国の民間投資、特に民間住宅は、今後しばらくは低調にならざるを得ないでしょう。

　中国共産党は現在、個人消費の拡大に活路を見出し、人件費引き上げの動きを強めているのは前述の通りです。しかし、人民元安や社会保障未整備の環境が続く限り、中国人民が貯蓄率を下げ、消費を増やすことは考えられません。だからといって、人民元安政策を放棄すると、国内の輸出産業が大ダメージを受けます。また、医療などの「社会保障産業」が、国内の党員官僚などの既得権益と化している状況では、国家的な社会保障整備もままならないでしょう。少なくとも**短期的には、中国経済で個人消費が中心的な役割を果たす局面は訪れない**と確信しています。

　そうなると、中国共産党としては「政府支出」にこれまで以上に頼らざるを得ません。**今後も政府が大規模プロジェクトや公共投資を繰り返し、国民経済を下支えしていくことになるわけです。**幸い（？）なことに、中国には「財政健全化を！　政府はムダ遣いをやめろ！」などと叫ぶ野党やマスコミは存在しません。今後の中国は、政府の財政出動を経済成長の中心に据え置き、民間の成長の源泉を模索する必要があります。さらに「バブルを崩壊させずに、インフレ率を下げる」という神業(かみわざ)めいたオペレーションが必要であり、なかなかむずかしい局面を迎えそうです。

> **A** 中国共産党政府にとって、経済成長は権威維持のために「達成しなければならないこと」。個人消費が成長のけん引役となることはなく、政府支出で国民経済を下支えしていくしかなさそうです。

3章のポイント

✓ 中国のGDPを成長させている支出項目は、07年までは輸出がけん引していましたが、サブプライム危機以降、急減しています。サブプライム危機以降の成長の中心は総固定資本形成（民間の住宅投資、企業設備投資、公共投資）で、09年には45％にまで急伸しています。中国は完全に投資依存経済です。

✓ 日本のマスコミは「中国の人民元が基軸通貨になる日も近い」などと中国を持ち上げていますが、現時点で人民元が基軸通貨になることはあり得ません。いまだにハードカレンシー（国際決済通貨）どころか、変動相場制さえ実現できていない人民元が基軸通貨になるわけがありません。

✓ 中国国内での格差は、所得格差を測る指標・ジニ係数で見ると、0.61まで上昇したとのことです。ジニ係数は0.4を超えると社会不安を引き起こし、0.5を超えると恒常的な暴動が起こるといわれているので、この数値は社会不穏を通り越し、暴動がたえない水準です。中国の経済専門紙によると、現在の中国では人口の10％を占める富裕層が、全所得の50％を占め、人口の20％を占める貧困層の所得は、わずかに全所得の4.7％にすぎないという超格差社会です。

✓ 中国共産党政府は中国を成長させなければなりません。中国共産党政府は、選挙で選ばれたわけではないので、経済を成長させているという実績により、党の権威を保っているからです。中国の経済成長は、短期的には個人消費が中心的な役割を果たすことはなく、政府が大規模プロジェクトや公共投資で成長を下支えしていくことになるでしょう。

第4章 新興国
21世紀、世界経済のエンジンになれるか？

ここ数年、BRICs などの言葉も頻繁に聞かれ、新興国への期待が高まっています。この章ではブラジル、ロシア、インド、韓国の経済について見ていきます。これらの国々は世界同時不況の影響をどの程度受けたのでしょうか。そこから回復し、世界経済をけん引していくパワーとなるのでしょうか。国家モデルを中心に考えていきましょう。

第4章 新興国 21世紀、世界経済のエンジンになれるか？

Q36 ブラジルが経済成長している要因はなんですか？

ブラジルの経済成長については、よく耳に入ってきます。ただ、一体どんな手法で成長しているかを知っている人は少ないでしょう。成長の源泉はなんでしょうか。

キーワード
バイオエタノール…トウモロコシ、サトウキビ、廃木材などのバイオマスの資源から作られた植物性のエタノールのこと。二酸化炭素量を増やさないという環境問題の視点から新たな燃料用のエネルギーとして注目をあびている新エネルギー

ブラジル経済の特徴は内需の割合が非常に大きいこと

　09年のブラジルの実質GDP成長率はマイナス0.2％ですので、ブラジル経済が一貫して成長しているというわけでは、必ずしもありません。とはいえ、08年までは比較的高い成長率をキープしていたのも事実ですので、まずはブラジルのGDPの推移を見てみることにしましょう。

　ブラジル経済の特徴は「**内需の割合が非常に高い**」のひと言で表現できます。しかも、内需とはいっても、中国のような「投資」ではなく、個人消費が中心になります。09年のブラジルの個人消費はGDPの62％を占め、ちょうど日本と同じ水準になっています。

　ブラジルは、実は新興国の中でもっとも輸入依存度（財の輸入額÷名目GDP）が低く、輸出依存度（財の輸出額÷名目GDP）もアメリカに次いで低くなっています。図4-1（25頁）で、主要国の輸出依存度と輸入依存度をご覧いただきましたが、ブラジルの輸入依存度（09年）は8.12

図36-1 ブラジルの名目GDPの推移 02-09年

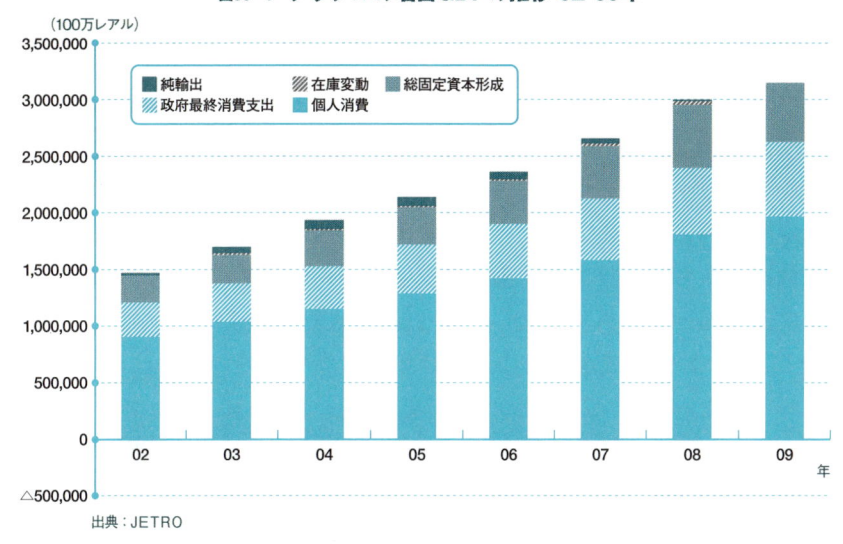

凡例：純輸出／在庫変動／総固定資本形成／政府最終消費支出／個人消費

出典：JETRO

図36-2 ブラジルにおけるバイオエタノール車の台数と比率の推移 00-09年

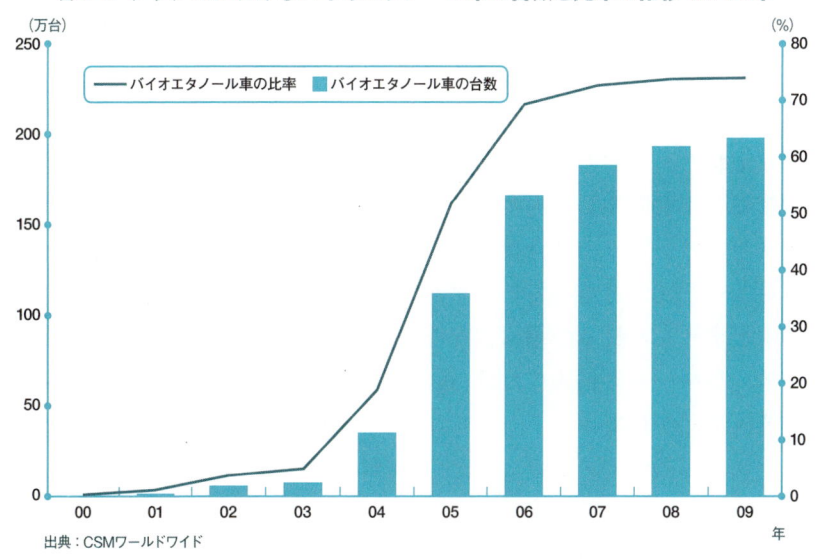

凡例：バイオエタノール車の比率／バイオエタノール車の台数

出典：CSMワールドワイド

％と日本の9.86％をも下回り、世界最低水準です。また、輸出依存度も9.73％（09年）とアメリカと日本の間に位置する「内需大国」というわけです。

　ブラジルの国民所得（国民1人当たりの名目GDP）は、IMFによるとわずかに8220ドル（09年）です。いまだ国民所得が1万ドルに達していないにもかかわらず、この輸出依存度や輸入依存度は強烈です。

　中国を例に出すまでもなく、**新興国の経済発展は外需すなわち輸出に依存しがちになります**。東南アジア諸国の輸出依存度は、インドネシアが22％と「例外的に低い」のを除き、タイが57.8％、ベトナムが59.1％、マレーシアが82％など、軒並み高くなっています。シンガポールにいたっては147.6％と、100％を上回っているのです。ちなみに、GDPにカウントされるのは輸出額そのものではなく「純輸出（＝輸出－輸入）」ですので、輸出額がGDPを上回っていても、統計的におかしくはありません。また、シンガポールは輸出対GDP比率も高いですが、輸入の方も対GDP比で134.4％と、極めて高くなっています。

独自の産業や製品が存在するブラジル

　日本、アメリカ、ブラジルという3大内需大国（輸出入の対GDP比率が少ない）に共通することはなんでしょうか。実は、あまり共通点がありません。日本とアメリカ、そしてブラジルは、それぞれが独自の国家モデルを構築し、内需大国を実現しているのです。

　たとえば、日本の場合は輸入に占める「工業用原料」の割合が09年にちょうど50％となっていますが、アメリカは30％、ブラジルは13％にすぎません。日本の輸入依存度が低くなっているのは、主に「資源やエネルギーさえ輸入すれば、残りの工程はすべて自国内で完結する」産業構造だからです。

　それに対し、アメリカとブラジルはエネルギー資源が輸入に占める割合が小さくなっています。とはいえ、両国の内需大国の主因が共通しているわけではありません。Q1で述べた通り、アメリカのGDPの

7割は個人消費です。アメリカは完全に「消費主導経済」なのですが、ブラジル（日本も）は違います。

ブラジル経済の特徴としては、**オリジナルな産業や製品が存在している**ことがあります。代表的なものが、「バイオエタノール車」です。バイオエタノール車とは、文字通りトウモロコシやサトウキビなどから精製されるエタノールで動く自動車になります。アメリカのバイオ産業は、トウモロコシが主力ですが、ブラジルはサトウキビが中心になっています。

国内にオリジナル産業がある国は、個人消費の割合を高める！

驚くべきことに、ブラジルのバイオエタノール車の割合は、国内全自動車台数の7割に達しています。バイオエタノール車は、今のところブラジル以外ではあまり普及していません（そもそも、燃料となるエタノールの精製が可能な国が少ないのです）。まさしく、ガラパゴス産業ですが、**国内に「オリジナル産業を持っている」こと自体が、国民の給与水準を高め、個人消費の割合を高める一因でもあるのです。**

そういう意味で、ブラジルは新興経済諸国の中で「もっとも日本に似ている」といえます。1991年のソ連崩壊に端を発した「今回のグローバリズム」は、現在、停滞の方向に向かっています。各国が共に通貨安戦略や、保護主義化を進めている中、日本に似た経済モデルを持ち、内需が大きいブラジルは、新興経済諸国の中でも突出したパフォーマンスを示す可能性があります。

> ブラジルは、内需、特に個人消費が大きな割合を占めて成長しています。その要因はバイオエタノールに代表されるオリジナル産業を持っていること。日本に似た経済モデルなので、今後に期待できそう！

第4章 新興国 21世紀、世界経済のエンジンになれるか？

Q37 ブラジルは累積債務問題からどのように立ち直ったのですか？

ブラジルも87年にデフォルトに追い込まれています。そこからどのように立ち直ったのか、見ていきましょう。

キーワード
新自由主義…政府による介入は最小限にすべきという、市場による自由競争などを再評価する「小さな政府路線」の思想や諸政策

70年代、ブラジルの対外負債の約7割は政府系という有り様

1980年代のブラジル経済の問題は、累積債務問題というよりは「対外債務危機」と「インフレ」でした。そもそも対外負債（＝対外債務）がなぜ膨れ上がるのかといえば、経常収支の赤字が継続しているためです。そして、経常収支の赤字がなぜ膨らむのかといえば、もちろん輸出競争力が低いことが原因です。

輸出競争力が低いとは、別のいい方をすると、国内に輸出競争力を獲得できるほど効率的で強靭な産業が少ないということでもあります。

一般的に、ブラジルなどの経常収支赤字の主因は「貿易赤字」です。国内の産業が脆弱で、十分な供給能力を持っていないために輸出が増えずに輸入が増え、貿易赤字が拡大していくわけです。

国内の産業が脆弱で、供給能力が不十分な場合、物価的にどうなるかといえば、もちろん、インフレ率の上昇が発生します。

特に、ブラジルの場合は70年代の政府主導型発展戦略が挫折し、**対外負債の7割近くが政府系**という、異常な事態に陥っていました。

図37-1 ブラジルの経常収支・対外負債とインフレ率 80-09年

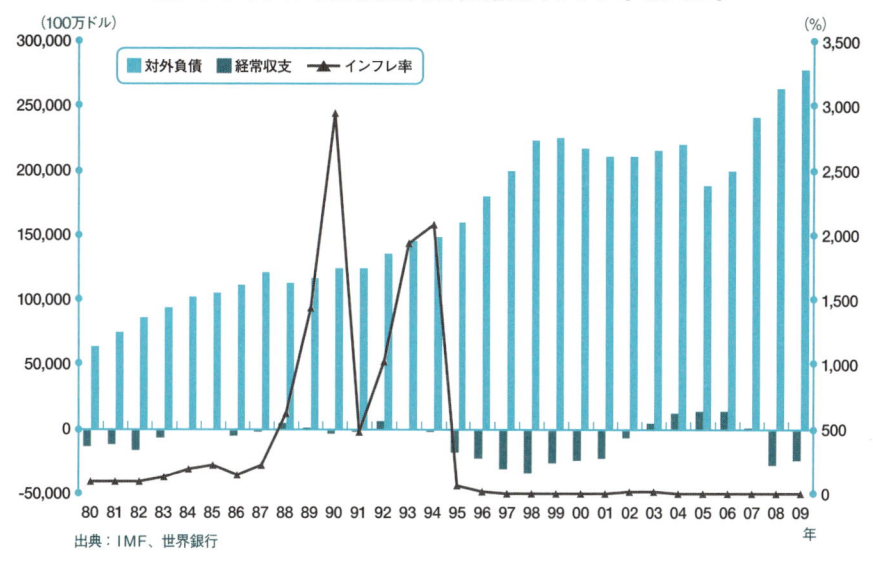

出典：IMF、世界銀行

政府機能の拡大は、ブラジルから市場のダイナミズムを失わせ、非効率な政府系企業はブラジル国内の需要を満たすことができないでいました。

さらに、輸出産業が興隆しないために、対外負債返済のための外貨獲得能力が高まりませんでした。結果、ブラジルは80年代はじめに、対外負債のデフォルト危機に直面したのです。ブラジルの財政危機を受け、IMFが構造調整に乗り出しました。IMFはブラジルで、国内の金融引き締めと「輸入制限」を実施したのです。

90年には年率で3000%近くまでインフレが悪化

結果、80年代前半にブラジルの経常収支の赤字は減ったのですが、代わりに同国に深刻な経済停滞と高インフレをもたらしたのです。政府系企業の非効率からくる国内の供給能力の不足に、「輸入制限」が加わったわけですから、たまりません。経済危機やインフレの進行は、

ブラジルの対外負債返済能力を極端に悪化させました。87年には、ついにブラジルは対外負債のデフォルトに追い込まれてしまいます。

ブラジル国内は極度の物不足に陥り、インフレ率が急上昇しました。**90年には、年率で3000％近くにまでインフレが悪化**したのです。

経常収支の赤字（＝国内の貯蓄不足）から、政府が資金調達を海外に頼り、その後、インフレの進行や通貨の暴落により返済不能に追い込まれる。いわゆる「財政破綻」とは、ほとんどのケースでこのパターンをたどりますが、ブラジルも例外ではありませんでした。

ブラジルの対外負債ですが、92年に35％の債務減免で決着をみました。ところが、その後のブラジルでは、今度は政府に代わり民間が対外負債を拡大していきます。97年にアジア通貨危機が発生すると、ブラジルも急激なキャピタルフライト（資本流出）という形で巻き込まれ、99年1月に変動相場制への移行を余儀なくされました。

とはいえ、**変動相場制移行でブラジルの通貨レアルが暴落したため、同国の輸出産業の競争力が一気に高まり、その後の経済成長の一因になった**わけですから、皮肉なものです。ギリシャやアイルランドがユーロ加盟国ゆえに獲得できない「為替ボーナス」を、ブラジルはきっちりと享受したわけです。

国営企業の民営化から
民主導型の経済成長路線に

さて、順番が前後して恐縮ですが、ブラジルのインフレは、94年にドル・ペッグ（ドル固定相場制）を導入し、インフレ期待を沈静化させることで改善していきました。

また、90年代にラテンアメリカを覆いつくした「新自由主義」も、ブラジルのインフレ駆除に貢献しました。同国では91年から国営企業の民営化が進められ、製鉄や化学、銀行など多彩な分野で外資を導入し、国内の供給能力が一気に高まったのです。**国内の産業の効率性が高まれば、当然ながら輸出競争力も強化されます。99年以降のレアル安も影響し、ブラジル経済は民主導型の経済成長路線に乗ることが**

できました。

　ブラジルは03年以降、安定的な経常収支黒字国となりました。さらに、07年には、ついに同国は史上はじめて、対外純資産国に転換したのです。

　ブラジルは、政府の非効率が主因で「インフレーション」になっていた、ある意味で典型的な国です。この種の問題を抱えている国には、政府から民間に比重を移す新自由主義が、非常に効果的だったのです。

　とはいえ、ブラジルは新自由主義でインフレ問題、対外負債の問題の解消こそできたものの、より根深い問題は未解決のまま残されています。それは、社会的な不平等、すなわち格差や貧困です。

　図9-1（45頁）の通り、もともとブラジルの社会的不平等度は高かったわけです。その後、順調な経済成長路線を歩んでいる現在でも、同国の格差問題は解消していません。

> ブラジルは政府から民間に比重を移す新自由主義を導入し、インフレ、対外負債の問題を解消。99年に変動相場制へ移行し、レアル安から輸出産業の競争力が高まり、成長路線に乗れました。

第4章 新興国 21世紀、世界経済のエンジンになれるか？

Q38 ブラジルは2016年にオリンピック開催予定ですが、オリンピックで高度成長はできるのですか？

オリンピック開催は国にとって一大ビジネス・チャンスといわれていますが、実際のところはどうなのでしょうか。東京オリンピックを例にとり見ていきましょう。

オリンピックはGDPにどのような影響を与えるのか？

　オリンピックなどの「政府系プロジェクト」が、GDPにどのような影響を与えるのか。データが豊富な日本のGDPを参考に、分析してみましょう。インフレの影響を排除するために、実質値で、1964年の東京オリンピックが日本経済の成長にどの程度貢献したのか、グラフで確認してみます。

　東京オリンピック前後における日本の実質GDPの成長率を、各支出項目別に見たものが図38-1になります。東京オリンピックの数年前に、民間企業設備や公共投資（公的固定資本形成）、それに輸入の成長率のピークが来ていることがわかります。

　東京でオリンピックが開催されることが決定したのは、1959年です。それ以降、オリンピックに向けた各種の投資が拡大していきました。

　東京オリンピック開催に向け、東京では様々な設備やインフラが整備されていきます。競技場関連では、国立競技場（代々木）、日本武道館（九段下）、駒沢オリンピック公園など、現在も競技に使われる設備の多くが、オリンピックに向けて建設されたのです。また、交通機関などのインフラ関連では、まずは東海道新幹線、東京モノレール、羽田空港の拡張、首都高速道路などなど、現在、私たちが日常的に使用

図38-1　日本の実質GDP　東京オリンピック前後の成長率 56-68年

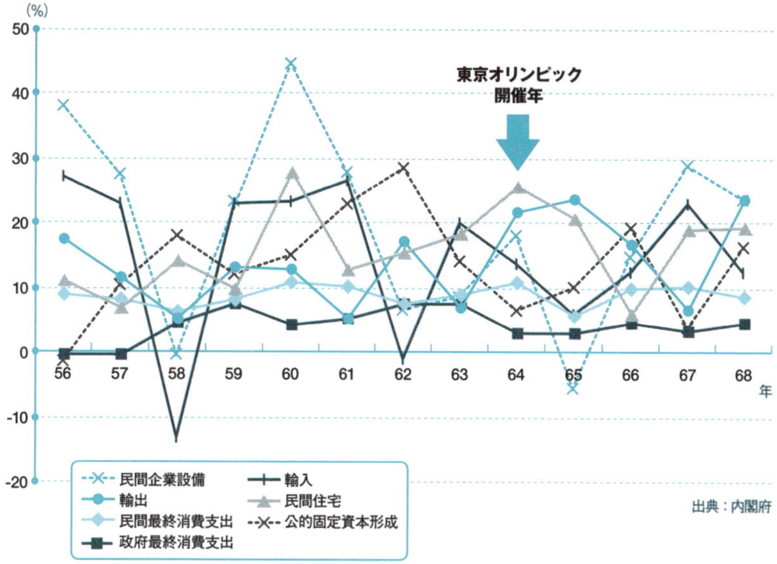

凡例：
- --×-- 民間企業設備
- ─●─ 輸出
- ─◇─ 民間最終消費支出
- ─■─ 政府最終消費支出
- ─+─ 輸入
- ─▲─ 民間住宅
- --×-- 公的固定資本形成

出典：内閣府

しているインフラは、主にこの時期に整備されたわけです。

　これらの建設やインフラ整備は、もちろん公共投資により実施されました。日本の公共投資は、56年には（実質値で）マイナス成長だったのですが、その後は62年まで、順調に拡大していきました。実際にオリンピックが行われた64年には、6.3％と落ち込みましたが、これはある意味で当たり前です。オリンピックが行われる年にいたっても、公共投資が増大するということは、準備不足を示唆していることになるからです。

東京オリンピック開催が決定した翌年の民間の設備投資は対前年比44.4％

　さて、民間需要の方ですが、オリンピック開催が決定した翌年である60年に、企業の設備投資（民間企業設備）が対前年比44.4％という、すさまじい拡大を示しています。逆に、開催決定の前年の58年はマイナス0.58％成長ですから、オリンピック開催決定が、露骨なまでに日

本企業の投資意欲を高めたことがわかります。オリンピック開催決定直後の設備投資拡大があまりにも急激で、逆に62年以降は息切れ状態になってしまっているように思えますが…。

オリンピック開催は、その国における投資を拡大するのみならず、輸入の増大という形で外国にも好影響をもたらします。オリンピック前の日本も、旺盛な公共投資や民間企業の設備投資に引っ張られ、輸入が急増しました（その後、設備投資の息切れと共に、輸入の成長率も落ちましたが）。

ブラジル（リオデジャネイロ）におけるオリンピック開催は、同国にとってはもちろん、他国にとっても大きなビジネス・チャンスになるわけです。ブラジルの場合、16年のオリンピックの前に、14年にワールドカップが控えています。**ワールドカップ、オリンピックと一大プロジェクトが続くため、ブラジルの内需は中期的に拡大していく可能性が高い**といえます。

新興経済諸国などの場合は、オリンピック開催が高度成長につながることも

とはいえ、もちろんオリンピックを開催すれば、高度成長を遂げるか否かというのは、また、別の問題です。96年にアメリカのアトランタでオリンピックが開かれましたが、開催決定の90年から96年までの実質GDP成長率は、平均で2.6％でした。とてもではないですが、「高度成長」とは呼べません。

要するに、**経済が成熟していない発展途上国もしくは新興経済諸国の場合は、オリンピック開催が高度成長に結びつく可能性がある**、といったところが正解なのだと思います。

とはいえ、オリンピックを開くには、国内の産業基盤がそれなりに整備され、治安の安定なども求められます。インフラが未整備の途上国が、いきなりオリンピックを開催するといっても、無理な話です。

ブラジルのリオデジャネイロの場合、治安面が不安視されています。なにしろ、10年４月にリオデジャネイロの日本総領事館が発表した「安

全の手引き」には、以下のように書かれているのです。

「州内には約1000箇所のスラム街（ファヴェーラ）を隠れ蓑に麻薬密売組織が暗躍し、組織の力を誇示するため、路線バスの焼き討ち、警察官の殺害、手榴弾の投擲（とうてき）等不法事案を敢行しています。さらには、密売組織間の抗争に治安当局が介入した銃撃戦も昼夜場所を問わず発生し、多くの市民が、流れ弾による巻き添えになり、死傷しています。当地では、一寸の油断や過信が大きな犯罪に巻き込まれる結果になることも希ではなく、被害を未然に防止する為、日頃からご家族を含めた防犯意識を持つことが大切です」

ブラジル政府はオリンピック開催までに、なんとしてもリオデジャネイロの治安を改善しなければなりません。犯罪防止のための政府支出増大であっても、GDPは増加します。

たとえば、刑務所の増設も立派な公共投資であり、治安要員を増やすと政府最終消費支出が増大します。皮肉な書き方をすると、治安が悪いリオデジャネイロにおけるオリンピック開催が決定したことで、ブラジル経済はより成長率を高めることができる可能性すらあるわけです。

> **A** オリンピック開催は、その国における投資を拡大させます。経済が成熟していない発展途上国もしくは新興経済諸国などでは、高度成長を遂げる可能性があるといえます。

第4章　新興国　21世紀、世界経済のエンジンになれるか？

Q39

ロシアといえば原油ですが、原油だけでどこまで経済成長を続けられるのですか？

ロシアは輸出依存国、しかも輸出に占める原油の割合は非常に高いのですが、それだけでどこまで成長できるのでしょうか。見ていきましょう。

キーワード
WTI原油先物価格…West Texas Intermediateの略。テキサス州で産出される高品質の原油。その先物がニューヨーク・マーカンタイル取引所で取引され、世界的な原油価格の指標になっている

ロシアの名目GDPは09年にドル換算でマイナス26%

「石油こそ、われらがすべて」とは、かつてロシアの知識人が自国経済を揶揄していった言葉ですが、基本的に現在のロシアも変わっていません。

09年のロシアのGDPは、実質値でマイナス7.9%、名目値でもマイナス6%と、ここ10年で最悪のパフォーマンスに終わりました。ちなみに、08年から09年にかけ、ロシアの通貨・ルーブルの対ドル為替レートが暴落したため、**ドル換算の名目GDPを見ると、09年はなんとマイナス26%**となっています。

ロシアの実質GDPがマイナス成長になるのは、1998年のロシア危機（マイナス5.3%）以来のことになります。といいますか、ロシア政府がデフォルトを起こした98年を上回るほど、09年は実質GDPの成長率が悪化したわけです。今回の世界経済危機が、いかに深刻なものかが、改めて理解できます。

図39-1　08年、09年におけるロシアの輸出推移

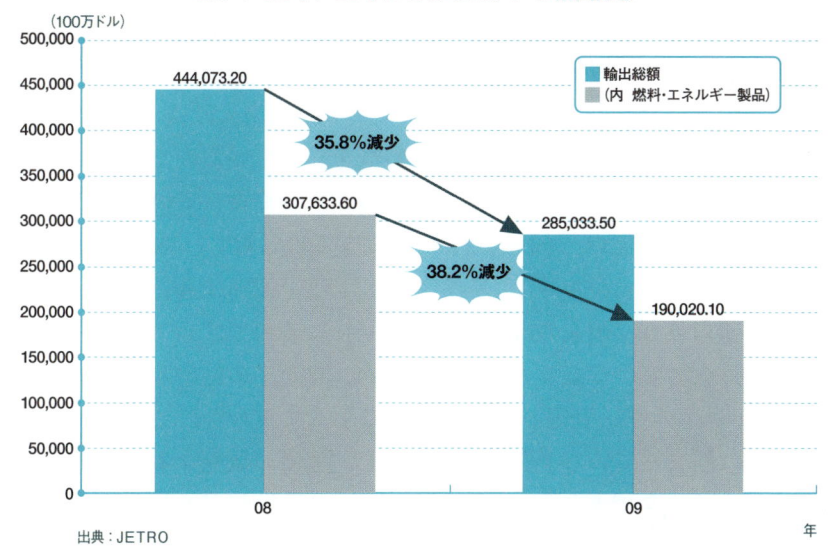

（100万ドル）

- 08年 輸出総額：444,073.20
- 08年 （内 燃料・エネルギー製品）：307,633.60
- 09年 輸出総額：285,033.50
- 09年 （内 燃料・エネルギー製品）：190,020.10

35.8％減少
38.2％減少

凡例：輸出総額／（内 燃料・エネルギー製品）

出典：JETRO

　さて、ロシアの主力輸出品は、ご存知の通り「燃料・エネルギー製品」になります。図4-1（25頁）で、主要国の輸出依存や輸入依存の状況をご覧いただきました。ロシアの輸出依存度は24.55％と、ほぼ中国と同じ水準になっています。先進諸国と比較して輸出依存度が高いため、資源バブル崩壊や世界的な経済危機が、ロシアに与えたダメージも、また、大きくなりました。

　具体的に、ロシアの輸出が08年から翌年にかけ、どのように推移したかについて見てみましょう。

世界同時不況で輸出が35％以上も激減

　ロシアの「燃料・エネルギー製品」が全輸出に占める割合は、08年が69.3％、09年も66.7％と極めて高くなっています。08年時点のロシアの輸出依存度は、09年よりもさらに高く、28％を超えていました。GDPの3割近くを占める輸出が、35％を超えて激減したのですから、

ロシア経済が急降下して当然なわけです。

ところで、ロシアの経済といいますか、輸出入の構造には「ある特徴」があります。図4-1を、改めて見てください。

お気づきになられたでしょうか。ロシアの輸出入には、「輸出が輸入に比べて、極端に大きい」という特徴を持っているのです。要するに、**輸出の割合に比べて貿易黒字の割合が大きくなっている**のです。09年の数値でいえば、輸出が24.55％であるのに対し、輸入はわずかに13.63％です。すなわち、貿易黒字がGDPの10.92％にも達しており、輸出金額自体も、輸入のほぼ2倍に達しているのです。

理由は改めていうまでもありませんが、ロシアの輸出の6割以上が「燃料・エネルギー資源」であるためです。すなわち、文字通り「地面の下に埋まっている」資源を掘り出し、海外に販売することがロシアの輸出の主力であるため、「輸出のための輸入」がほとんど必要ないのです。

たとえば、中国や韓国、それにドイツなどの高輸出依存国は、輸出品の多くが「工業製品」です。そのため、輸出品を製造するための「資源や資本財の輸入」が必要になります。中東やロシア、オーストラリアやカナダなどの資源輸出大国から、原油や鉱物資源を輸入し、さらに日本などから資本財を輸入し、自国の製造工程において「付加価値」を加え、完成した製品を輸出しているわけです。すなわち、中国や韓国などにおいては、輸出が増えれば資本財などの輸入も、それなりに増えることになります。

偏った輸出構造は高リスク

ところが、ロシアは違います。無論、原油や天然ガスを採掘するための設備を海外から輸入する必要はありますが、「製品」自体にはなんら他製品は不要なのです。地面から湧き出てきたエネルギー資源そのものが「付加価値」というわけです。

うらやましいと思われる方が多いかもしれませんが、09年のロシア

のマイナス成長からもわかる通り、**資源に偏った輸出構造は危険**です。別に、資源に限らず「偏った構造」というものは、リスクを高めます。とはいえ、資源の場合は特に危険です。

　現在、世界は「金余り」という問題に悩んでいます。すなわち、投資先不足です。

　ストック（財産）が充実している割に、投資先が少ないがために、サブプライムローンを含む証券化商品があれほどまでに売れたわけです。あるいは、北欧諸国やオーストリアなどの銀行が、バルト三国に莫大な投資を行い、現在は不良債権化に戦々恐々としているのも、すべてはこの「金余り」という問題に行き着きます。

　投資先を求めるマネーは世界を徘徊しており、「これぞ！」という投資先が見つかると、一斉になだれ込む傾向があります。08年には、マネーは「原油先物取引」を有望な投資先として判断し、原油価格の指標となるWTI（ウェスト・テキサス・インターミディエイト）は急騰しました。サブプライム危機に端を発するドル安も、石油価格高騰に拍車をかけます。

　WTI原油先物価格は、08年7月11日に史上最高値の1バレル147.2ドルを記録し、その後、崖下に転落するような勢いで下落しました。そして、原油価格上昇と先を争う勢いで上昇していたロシアの株価も、同じように崩落したのです。

　株式のみならず、ロシアの輸出総額も減少し、翌年のGDP成長率はマイナスの領域に突っ込みました。結論を申し上げますと、原油だけで長期的に経済成長をするのは、不可能です。

A 08年の資源バブル崩壊でロシアの株価も崩落。09年のドル換算名目GDPはマイナス26％に。これからわかる通り、資源に「偏った構造」は危険です。つまり、原油だけで経済成長するのは不可能です。

第4章 新興国 21世紀、世界経済のエンジンになれるか?

ロシアは世界金融危機での影響はありましたか?

Q40

世界金融危機の影響を受けた国というと、欧州の国々などが聞かれますが、ロシアは影響を受けたのでしょうか。

ロシアも資源バブル崩壊まで不動産バブルが発生していた!

「ロシアは世界金融危機での影響はありましたか?」という質問に対しては、「大変ありました」で終わってしまうのですが、どのように影響があったのか少しくわしく見てみましょう。

実は、**ロシアでは08年の資源バブル崩壊まで、国内で不動産バブルが発生していました**。06年以降の世界的な「バブル・ブーム」と金余りを受け、ロシアにも不動産バブルが発生していたのです。そして、ロシアの不動産バブルもご多分にもれず、08年以降に見事に崩壊してしまいました。

資源バブル崩壊前後には、モスクワの住宅1㎡当たりの価格は平均で6000ドルを超えました。それがわずか1年後には4000ドル近くにまで下落してしまったのです。

下落幅もすごいですが、それ以前に1㎡当たり6000ドルの住宅価格というのも、すさまじいのひと言です。たとえば、75㎡のマンションの場合、5000万円を上回るということになります。ほとんど東京並みに、不動産価格が高騰してしまったというわけです。

ちなみに、モスクワの平均年収は96万円程度ですから、5000万円は年収の50年分以上ということになります。先進国における正常な不動

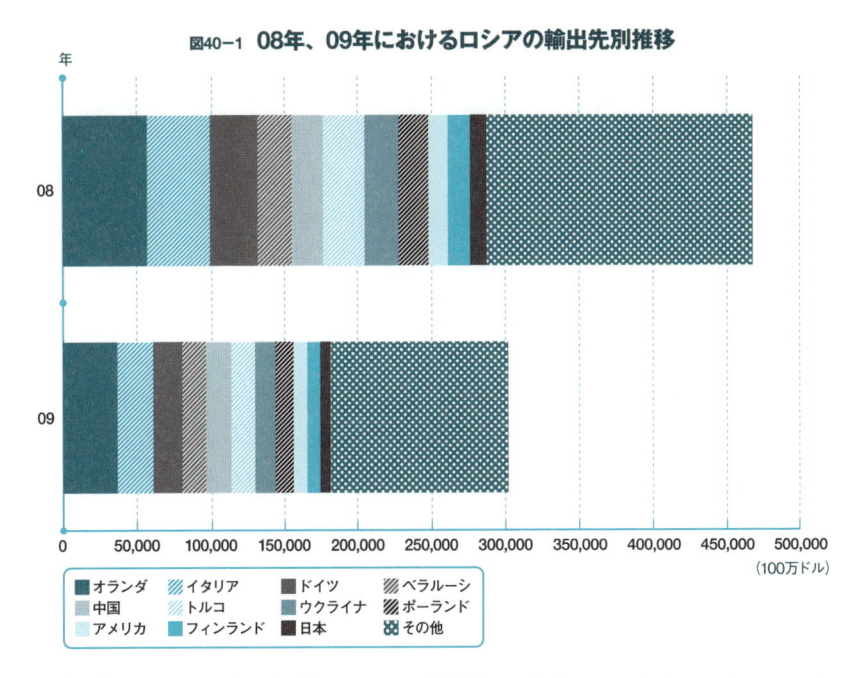

図40-1 08年、09年におけるロシアの輸出先別推移

凡例：
- オランダ
- イタリア
- ドイツ
- ベラルーシ
- 中国
- トルコ
- ウクライナ
- ポーランド
- アメリカ
- フィンランド
- 日本
- その他

(100万ドル)

産価格は、せいぜい年収の5～6年分といわれていますので、モスクワにおける不動産バブルの異常性がおわかりいただけるでしょう。

しかも、ロシアは08年8月に、南オセチアの領有権をめぐり、グルジアに軍隊を進攻させたため、外国からの資金調達に依存していたロシアの大企業は、世界的な信用収縮の影響をまともに受けました。特に、グルジア戦争開始以降は、西欧の銀行がロシアにお金を貸したがらなくなり、国内経済は一気に冷え込みました。

ロシアの主要輸出先は、100年に一度の不況にあえいでいる欧州諸国

しかし、それ以上にロシアに与えた負の影響が大きいのは、世界、特に欧州やユーロ圏における金融危機の深刻化でしょう。

図40-1の通り、ロシアの輸出先はオランダをはじめとした欧州諸国が多かったのです。その欧州を金融危機が直撃し、各国はロシアからの輸入を減らすのはもちろん、逆にユーロ安を利用して輸出を増やし、

貿易黒字の拡大という形で外需（外国のGDP）を奪い取ろうと動きはじめます。

　ロシアの失業率は、10年1月の9.2％をピークに減少傾向にはあります。それでも、10年7月時点で7％と、まだまだ高水準です。しかも、最悪期からの失業率減少は、主に政府の景気対策によるもので、民間主導の景気回復への道筋は全く見えていません。

　そして、08年までロシアの資源を主に受け入れていた欧州諸国が、現在、100年に一度の経済的苦境にあえいでいます。

　09年に、世界貿易は実に対前年比で23％の減少となりました。これは、もちろん金融危機の影響もあるのですが、それ以上に「グローバル・インバランスの拡大」を可能にしていた、複数の要因が消滅してしまったことが大きいでしょう。

　複数の要因とは、もちろんアメリカの不動産バブル崩壊と、ユーロ・システムの機能不全です。

　アメリカの不動産バブル崩壊は、同国の「個人消費」という世界最大の需要の拡大をストップさせました。現在も失業率が9％台で高止まりし、不動産価格や販売数量が再び下落に向かおうとしている以上、アメリカの個人消費がかつての勢いを取り戻すのは、相当先のことになりそうです。

　また、欧州においては、ギリシャやアイルランドなどが財政危機にあえいでおり、ユーロ安の影響もあって、購買力が減少しています。特に、欧州最大の経済大国ドイツが、自国の内需拡大どころか、自らユーロ安を活用して「外需開拓」に邁進している有り様です。欧州やユーロ圏の「輸入力」が、かつてのパワーを取り戻すのは、アメリカの復活以降になることは確実です。

　1991年にソ連が崩壊し、ロシア共和国が誕生したことこそが、まさしく「今回のグローバリズム」がはじまる「きっかけ」になりました。ロシア自身はいく度も経済危機に直面しましたが、確かにその果実を享受することができ、国民所得も増加したのです。とはいえ、ロシアが今後も経済成長を遂げるには、これまで通り原油などの資源一本槍

でやっていては、到底不可能でしょう。

ロシアの人口減少数は年平均約35万人

　ちなみに、ロシアは日本などおよびもつかない「大人口減少国」です。05年から15年の平均人口減少率は、日本が0.2％であるのに対し、ロシアは0.53％と予測されています。ロシアの92年の人口は約１億4880万人でした。それが09年には、約１億4200万人へと600万人以上も減少しました。92年以降の人口減少数は、年平均で約35万人となっています。

　「日本は人口減少で、経済成長できない」などとマスコミが叫んでいますが、日本の人口減少など、年間に５万人程度にすぎません。「日本は人口減少で、成長できない」と主張するマスコミは、「ロシア経済は今後も目覚ましく成長する」などと平気で口にするのですから不思議です。どちらの人口減少数が多いのか、調べてからいって欲しいものです。

　「人口減少＝成長できない」のであれば、ロシア経済の未来は日本以上に暗澹(あんたん)たるものになると思うのですが。

ロシアの主要輸出先は、100年に一度の不況であえいでいる欧州諸国。Q39で述べましたが、09年の名目GDPはドル換算マイナス26％。金融危機の影響を十分に受けています。

第4章　新興国　21世紀、世界経済のエンジンになれるか？

Q41 インド経済の中心はなんですか？

私たちは「インド経済の中心はIT」とマスコミにイメージをすり込まれていますが、本当にそうなのでしょうか。数字から見ていきましょう。

インドは内需大国で恒常的な貿易赤字国

「インド経済の中心といえばIT！」などと、日本のマスコミや経済評論家の方々はいいますが、この手の話はきちんと数字を見なければ、正しい答えは見出せません。

インドの名目GDPを項目別に見ると、大きく2つのことが理解できます。1つ目は、**個人消費**（民間最終消費支出）の**GDPに占める割合が、ブラジル同様に6割近くにまで達している**という点です。2つ目は、**純輸出がマイナスになっている**という事実です。実は、多くの日本人が勘違いしている気がしますが、インドは恒常的な貿易赤字国です。しかも、貿易赤字の対GDP比が8.2％（2009年）と、比較的高くなっています。

ちなみに、貿易赤字国といえばアメリカ合衆国です。とはいえ、アメリカの貿易赤字対GDP比率は09年数値で2.66％と、それほど大きくはありません。アメリカの場合、確かに貿易赤字の額は大きいのですが、GDPがそれ以上に大きく、貿易赤字の対GDP比率はそれほど高くはないのです。

それに対して、**インドは貿易赤字がGDPの8％を超えている**わけです。貿易赤字や純輸入（マイナスの純輸出）とは、GDPの控除項目です。

図41-1 **インドの名目GDP項目別推移 07-09年**

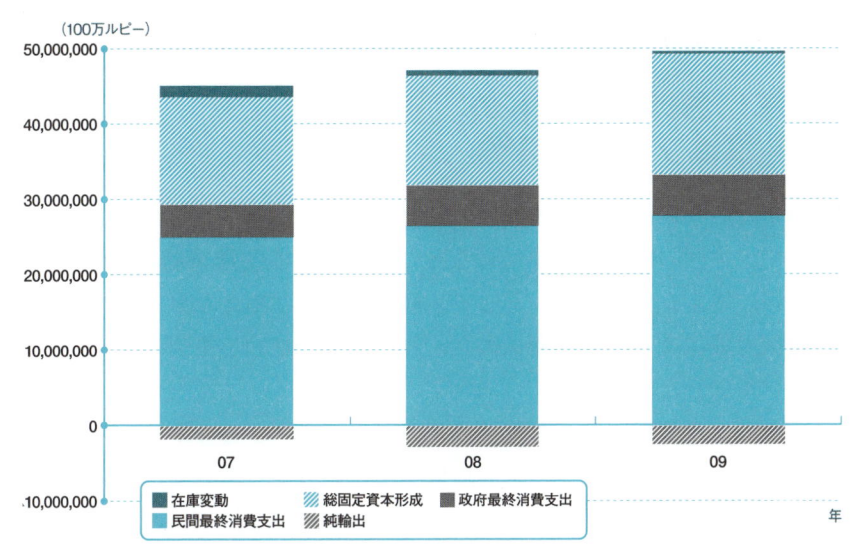

(100万ルピー)

凡例：在庫変動／総固定資本形成／政府最終消費支出／民間最終消費支出／純輸出

出典：JETRO

表41-1 **09年のインドにおけるGDPの各需要項目成長率**

需要項目	成長率	寄与度
民間最終消費支出	4.30%	2.52%
政府最終消費支出	10.49%	1.26%
総固定資本形成	7.16%	2.39%
在庫変動	5.88%	0.08%
純輸出	-9.75%	-0.51%

出典：JETRO

すなわち、純輸入の金額分、GDPは減少してしまうのです。ちなみに、インドは経常収支の1項目であるサービス収支が黒字ですので、純輸入は貿易赤字に比べて対GDP比で小さくなります（純輸出＝財・サービスの輸出−財・サービスの輸入＝貿易・サービス収支）。とはいえ、それにしてもインドの純輸入は対GDP比で5.2％に達しています。

09年におけるインドの実質GDP成長率はプラス7.4％

　09年という、世界経済のパフォーマンスが極端に落ち込んだ1年において、中国のGDPがプラスになったのは、主に投資（総固定資本形成）が極端に増えたためです。そして、同国で投資が増えた原因は、政府の景気対策による公共投資拡大と、銀行の融資拡大を主因とする不動産バブルでした。

　また、ブラジルの09年の経済成長率が極端に下がらなかったのは、同国の輸出入の依存度が、世界最低水準といっても過言ではないほど低いためでした。内需の割合がもともと大きいことに加え、オリンピックやワールドカップなどの大規模プロジェクトに向けた投資拡大も、経済の下支えとなったでしょう。

　さらに、09年のロシア経済がBRICs諸国の中で最悪の成長率に終わったのは、同国の輸出が極度に燃料・エネルギー製品に依存している上に、08年に資源バブルが崩壊したためです。さらに、モスクワなどで進行していた不動産バブルが、崩壊局面に突入したのも、国民経済の縮小を促進しました。

　それに対し、**09年におけるインドの実質GDP成長率はプラス7.4％**でした。このときに、インド経済を下支えした需要項目はなんでしょう。

09年のインド経済の成長率を支えたのは政府の消費支出

　表41-1の通り、09年におけるインド経済の成長率を下支えした要

因の1つは、**政府の消費支出の拡大**でした。要するに、世界的な経済危機を受け、インド政府が打った対策が功を奏したというわけです。寄与度こそ民間最終消費支出や総固定資本形成の方が大きいですが、**成長率自体は文句なしで政府最終消費支出が最大になっています。**

もっとも、インドは貿易赤字国かつ経常収支赤字国です。すでに説明した通り、経常収支赤字国は、国内が貯蓄不足（もしくは投資過多）に陥っています。貿易赤字対GDP比率がアメリカをも上回るインドが、政府の支出を拡大すると、財政赤字が心配になってきます。なにしろ、国内が貯蓄不足である以上、インド政府は少なくとも財源の一部は海外に頼らなければならないのです。

10年6月末時点で、インド政府の対外負債の額は約671億ドル（約5兆7035億円）になっています。インド国家全体の対外負債の額が約2615億ドル（約22兆2275億円）ですから、25％が政府の対外負債というわけです。

インドのGDPは1兆2370億ドル（約105兆1450億円）もありますから、短期的には問題があるとは思えませんが、それにしてもインドの貿易赤字は極端です。このまま持続可能なのかどうか、他国のことながら不安になってしまいます。

とはいえ、インドが貿易赤字ということは、国内の供給能力が不十分ということでもあります。今後の規制緩和や投資の拡大により、インドの供給能力が向上していくと、潜在GDPも上昇していきます。**現在の供給能力が不十分だからこそ、インド経済は今後も順調に発展していく可能性があるといえないこともないわけです。**

> 09年という、世界経済の成長率が落ち込んだ1年においても、インドの実質GDP成長率はプラス7.4％。それを下支えしたのは、政府最終消費支出。世界金融危機の中で政府の対策が奏功したのです。

第4章 新興国　21世紀、世界経済のエンジンになれるか？

インドでIT産業が発展したのはどうしてですか？

Q42

インドでIT企業からの輸出が増加しているのは事実ですが、その理由はなんでしょう。また、それがイコール、IT産業の人口が多いということになるのでしょうか。

キーワード
サービス収支…経常収支の構成要素の1つで、輸送、旅行、金融、通信、情報などのサービスに関わる取引の国際収支
経常移転収支…経常収支の構成要素の1つで、海外援助、贈与、寄付など見返りのない資産提供を計上

IT産業が発展した理由とは？

　インドでIT産業が発展した理由は簡単です。**英語の普及**です。インドでは、英語が事実上の第二母国語となっているのです。特に、南インドの都市などでは、すでに英語の方が主たる言語になっている地域も少なくありません。

　インドのIT産業は、基本的にはアメリカなど、先進諸国のIT産業のオフショア開発先として発展したのです。オフショア開発とは、システム開発を海外に委託する開発手法です。

　とはいえ、もちろん英語の普及のみでインドがIT王国になったわけではありません。たとえば、**インド政府が高等教育に力を入れた結果、優秀な人材が多数生まれたことも理由の1つ**です。なにしろ、インドの人口は約12億人ですので、そのわずか0.1％がアメリカIT企業などの要望に堪える資質を持った人材だとしても、100万人以上に達するわけです。また、インドとアメリカは、ちょうど地球の反対側に

図42-1 インドの経常収支の推移 09年2Q-10年2Q

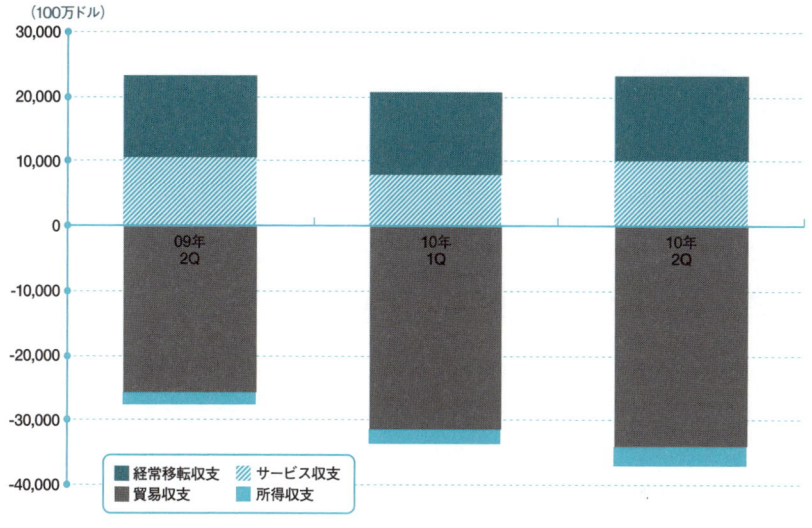

(100万ドル)

凡例：
- 経常移転収支
- サービス収支
- 貿易収支
- 所得収支

出典：インド中央銀行

図42-2 インドのGDP産業別百分比 09年

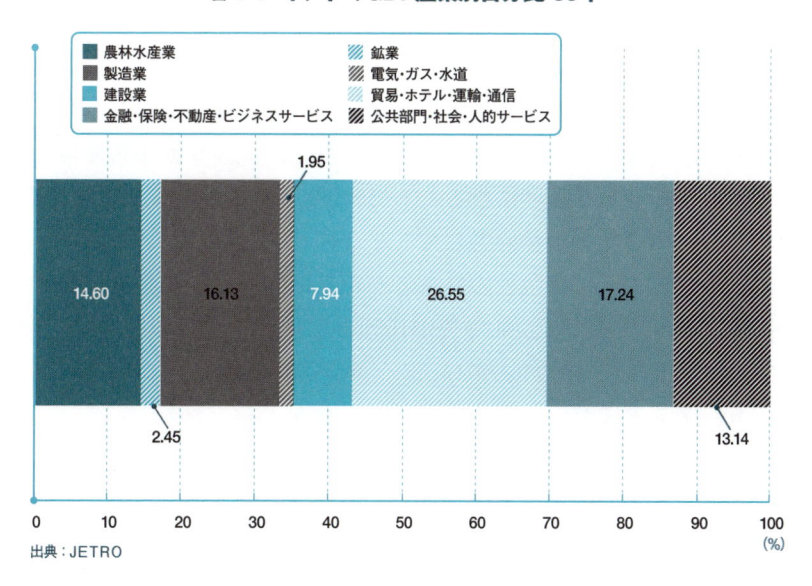

凡例：
- 農林水産業
- 製造業
- 建設業
- 金融・保険・不動産・ビジネスサービス
- 鉱業
- 電気・ガス・水道
- 貿易・ホテル・運輸・通信
- 公共部門・社会・人的サービス

農林水産業	鉱業	製造業	電気・ガス・水道	建設業	貿易・ホテル・運輸・通信	金融・保険・不動産・ビジネスサービス	公共部門・社会・人的サービス
14.60	2.45	16.13	1.95	7.94	26.55	17.24	13.14

出典：JETRO

177

位置し、丸々**昼夜が逆さまになっている**ことも優位に働きました。昼夜が逆転している結果、アメリカが夜の時間帯に、インドで作業を進めることができるわけです。

Q41で述べた通り、インドは貿易赤字、経常収支赤字国です。しかし、**IT産業からの輸出が増えたために、経常収支の中の「サービス収支」は黒字化**しています。

アメリカはITの他にもコールセンター、編集業務もオフショアしている

図42-1の通り、インドは巨額の貿易赤字をサービス収支の黒字、および**経常移転収支**の黒字で補っているわけです。莫大な海外援助を受けつつ、サービス収支が黒字化している国というのは、ちょっと珍しいと思います。

さて、インドへのオフショアリングですが、**アメリカはIT産業に的を絞っているわけではありません**。その他にもコールセンター業務や、ときには「編集業務」のような、アメリカ文化に高度に根ざした仕事までもが、最近はインドに出される傾向があります。これは、驚くべきことです。

なにを驚くのかといえば、書籍や雑誌の編集など、その国に根付いた文化関連の仕事までもが外国にオフショアされてしまうと、オフショア先からの「サービスの輸入」という形で、アメリカから雇用や需要が奪われてしまうことになるためです。サービスの輸入であっても、GDPからその金額分が控除されてしまうのは、製品の輸入と同じです。とはいえ、たとえば出版社の経営者からしてみれば、編集業務をインドにオフショアすれば、人件費が10分の1程度ですむわけです（インドの国民所得はアメリカの10分の1以下）。多少の品質の低さには目をつぶっても、インドに委託したくもなるでしょう。

アメリカの出版関係の方々に比べると、日本の同業者は幸運です。なにしろ、日本の編集業務は日本語という分厚い「参入障壁」に守られ、外国人と仕事の奪い合いをしなくてすむのです。たとえば、第2

次世界大戦後に、韓国や台湾が日本語環境を守り続けていたと想像してみてください。もしかしたら、日本の編集者は国民所得が数分の一の韓国や台湾の同業者と、雇用を争わなければならない事態になっていたかもしれないのです。

インドでIT関連に従事している人はわずか0.17％！

さて、インドのIT産業ですが、日本国内のマスコミなどでは「インドの産業といえば、IT産業！」といった固定観念丸出しの見方が流行っています。確かに、昨今のインドにおけるIT産業の発展は著しいですが、実は雇用的には200万人程度しか生み出していません。インドの人口は約12億人ですから、そのうちIT関連の仕事についている人は0.17％というわけです。

なにごともそうですが、マスコミが流すイメージにとらわれると、真実を見失うという好例です。インドの労働者総数は4億2820万人ほどですが、そのうちの6割近くを「農業、狩猟、林業、漁業」といった、いわゆる1次産業が占めます。ちなみに、2番目に多いのは製造業なのですが、いまだに11％程度です。

GDPで見ても、インドの製造業は16.1％のシェアしかありません。参考までに、中国の製造業はGDPの4割を占めています。同じBRICsとはいっても、国家の経済モデルや発展要因はそれぞれ全く異なっていることが、この事実ひとつとってみても理解できます。

IT産業発展の理由は、英語の普及と高等教育に力を入れた結果、優秀な人材が多数生まれたことによります。とはいえ、IT関連の仕事に就いている人はインド全人口の0.17％にすぎません。

第4章　新興国　21世紀、世界経済のエンジンになれるか？

Q43 韓国の景気は回復していますか？

08年の世界金融危機の影響で韓国は経済破綻の危機を迎えましたが、現在はどのような状況でしょうか。見ていきましょう。

キーワード
通貨スワップ協定…各国の中央銀行が互いに協定を結び、自国の通貨危機の際、自国通貨の預け入れと引き換えにあらかじめ定めた一定のレートで協定相手国の通貨を融通してもらうことを定めた協定のこと
乗数効果…景気対策などにおいて、当初投入した額よりもGDPが拡大する現象

韓国の実質GDPは10年に入ってからは堅調に伸びている

　さて、韓国の実質GDP成長率は、09年通年で0.2％に落ち込みましたが、その後は順調に回復しています。**10年第1四半期の実質GDP成長率は、対前期比で2.1％、第2四半期は同1.5％と、堅調といっていい数値**です。

　韓国は、08年に世界的な金融危機の影響で、キャピタルフライトが進行し、ウォンが対ドルで1ドル＝1500ウォン台にまで暴落し、財政破綻の危機を迎えました。実は、筆者の処女作『本当はヤバイ！韓国経済』（彩図社刊）は、まさしくこの事態を予測して書いたものです。

　06年から翌年にかけ、韓国ウォンは一時1ドル900ウォンと高騰し、同国の経常収支は赤字化していました。結果、韓国は貿易立国でありながら、08年第2四半期に対外純負債国になるという、異常な事態を迎えます。

　繰り返しになりますが、経常収支黒字が対外純資産の増加、経常収

図43-1 韓国の実質GDP成長率 90-09年

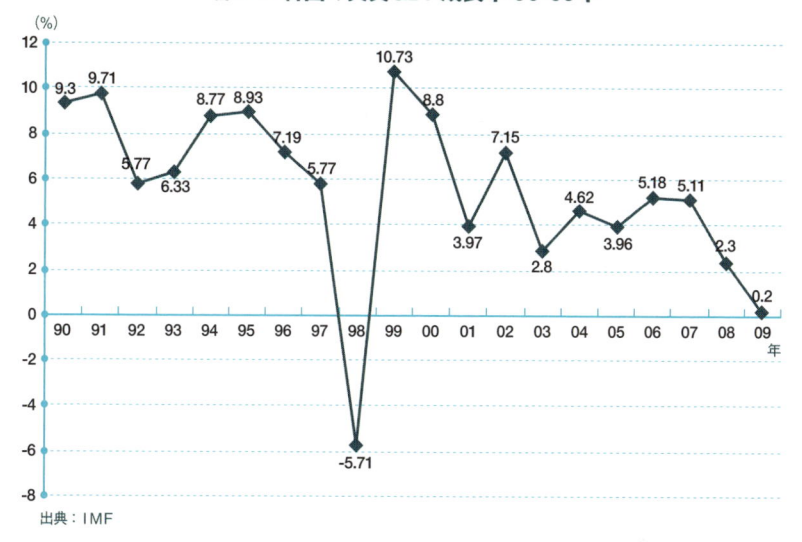

(%)
90: 9.3, 91: 9.71, 92: 5.77, 93: 6.33, 94: 8.77, 95: 8.93, 96: 7.19, 97: 5.77, 98: -5.71, 99: 10.73, 00: 8.8, 01: 3.97, 02: 7.15, 03: 2.8, 04: 4.62, 05: 3.96, 06: 5.18, 07: 5.11, 08: 2.3, 09: 0.2

出典：IMF

支赤字が対外純負債の増加です。本来、韓国ほど貿易依存度が高い国（25頁の図4-1参照）は、経常収支赤字になるなどあり得ないのです。

08年、韓国は経常収支と資本収支が共に赤字に！

　ところが、ウォン高の進展と共に韓国は経常収支赤字を繰り返すようになり、次第に自国の対外純資産を食いつぶすようになりました。そして、08年夏に、ついに対外純負債国に転落したわけです。また、通貨暴落を防ぐために韓国銀行が通貨防衛の為替介入（手持ちの外貨でウォンを買う取引）を繰り返した結果、08年の韓国は経常収支と資本収支が共に赤字になるという、統計的に極めて珍しい状況に陥ってしまったのです。

　なぜ、経常収支と資本収支が共に赤字になることが珍しいのかといいますと、国際収支において外貨準備高が変動しない場合、「経常収支の黒字＝資本収支の赤字」、もしくは「経常収支の赤字＝資本収支

の黒字」になるためです。統計上、必ずこうなります。ところが、経常収支赤字に通貨危機が重なると、当局が外貨準備を取り崩し、為替防衛を行うため、外貨準備高が激減し、その分だけ資本収支が赤字化するのです（これも、そのように統計されるということです）。結果、通貨危機＋経常収支赤字の場合にのみ、経常収支と資本収支の双方が赤字化するという珍しい現象が見られます。

　そもそも**韓国経済の悪化は、サブプライム危機**などの影響もありますが、それ以前に**政府のトップが全くの素人大統領**だったということに起因しています。すでに亡くなられた盧武鉉（ノ・ムヒョン）氏です。反日素人大統領として、韓国国民に人気が高かった盧大統領は、自国の不動産バブルや経常収支赤字に対して全く無力で、むしろ事態を悪化させる対策ばかりを打ち続けました。

李明博（イ・ミョンバク）政権の大規模プロジェクトで、韓国は景気回復路線に見事復帰！

　韓国にとって幸いなことに、盧武鉉大統領の任期は08年初旬に終わりました。跡を継いだ李明博大統領は、元大企業の経営者ということで、マクロ経済的に極めてまともかつ実践的な対策を採ったのです。

　まずは日本、アメリカ、中国の３国と「**通貨スワップ協定**」を締結し、ウォン暴落時の外貨準備の確保に努めました。自国の信用力の限界をきちんとわきまえ、日米中という大国と連携することで信用向上に努めたわけです。

　さらに、**ウォン安を利用した輸出産業の外需獲得を後押し**します。加えて、政府自身も複数のプロジェクトを企画立案し、実に大胆な財政出動を実施しました。主な政府支出に基づくプロジェクトを、箇条書きにしてみます。

（単位はすべてウォン）

◆海洋博関連：総投資２兆3886億
　内、民間：7000億
　・直接経済効果予測：１兆2400億

- 拡大経済効果（いわゆる乗数効果）：5兆7000億
- 雇用増加　7900人（韓国南部）

◆政府開発予算
- 09年度　24兆7000億
- 09年度補正予算　25兆憶（いずれも直接的な開発投資）
- 10年度　25兆100億

◆国土開発：5兆42億
◆都市開発：4兆7454億
◆道路整備：1兆5898億
◆港湾整備：2兆1301億
◆空港整備：592億
◆物流：2兆1357億
◆海上（河川）：2兆3164億
◆地方都市開発：1兆3704億
◆新都市：3801億

　上記の通り、韓国政府は政府主導の大規模プロジェクトへの支出を拡大し、いち早く景気回復路線に復帰することに成功したわけです。08年から09年にかけて韓国が置かれた環境下では、「ウォン安による輸出増と、政府支出拡大」以外に、景気回復路線に戻る手立てがありませんでした。李明博政権は、まさしく「これしかない」という対策を実施したわけです。

　結果、他国が軒並みマイナス成長に陥る中、09年の実質GDP成長率をプラス0.2％と、プラス成長を維持することに成功したわけです。

> 09年は実質GDP成長率を0.2％と、プラス成長を維持することに成功。これは、李政権によるウォン安による輸出増と政府支出拡大という「これしかない」といった対策が奏功した結果です。

第4章　新興国　21世紀、世界経済のエンジンになれるか？

Q44 韓国と日本の輸出入はどのような関係ですか？

お隣の国・韓国と日本の貿易関係はどのようなものでしょうか。意外と知らない日韓貿易について見ていきましょう。

韓国は半世紀も対日で輸入超過の状態

　韓国の対日貿易（厳密には日本の対韓貿易ですが）は、ひと言で表現できます。すなわち「迂回貿易」（102頁参照）です。日本は韓国に資本財を輸出し、韓国がそれをもとに最終消費財を製造し、世界に輸出しているわけです。

　日本からの輸入は多いのですが、逆に輸出が少ないため、**韓国の対日貿易赤字は毎年拡大していく傾向**にあります。なにしろ、韓国は「輸出を拡大するためには、日本から資本財を輸入しなければならない」という、一種の宿業のようなものを背負っているのです。韓国が懸命に輸出を拡大すれば、自動的に日本からの輸入（日本の輸出）も増えるということで、「迂回貿易ではなく、鵜飼貿易では？」などと、皮肉ないい方をする人もいます。

　韓国ではこれまでに何度も、対日貿易赤字の拡大が問題視されました。なにしろ、ほとんど半世紀もの間、韓国は対日で「輸入超過」の状態を続けているのです。

　対日貿易赤字が多いのであれば、サムスン電子や現代自動車などの大企業が、日本市場を攻略すればいいわけです。ところが、いまだに各産業に多数の企業が健在で、過当競争状態が「維持されている」日

図44-1 **日本の対韓貿易 01-09年**

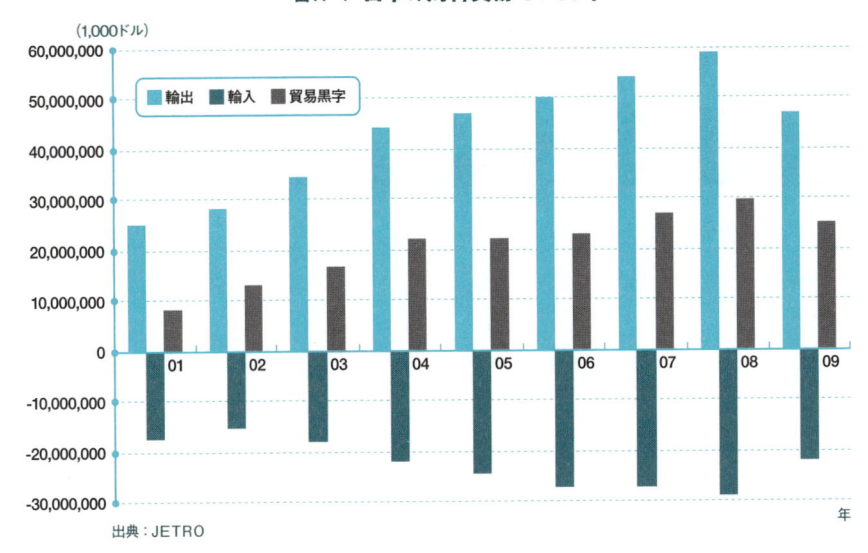

(1,000ドル)　輸出　輸入　貿易黒字

出典：JETRO

図44-2 **韓国の輸出と輸入の推移 96-09年**

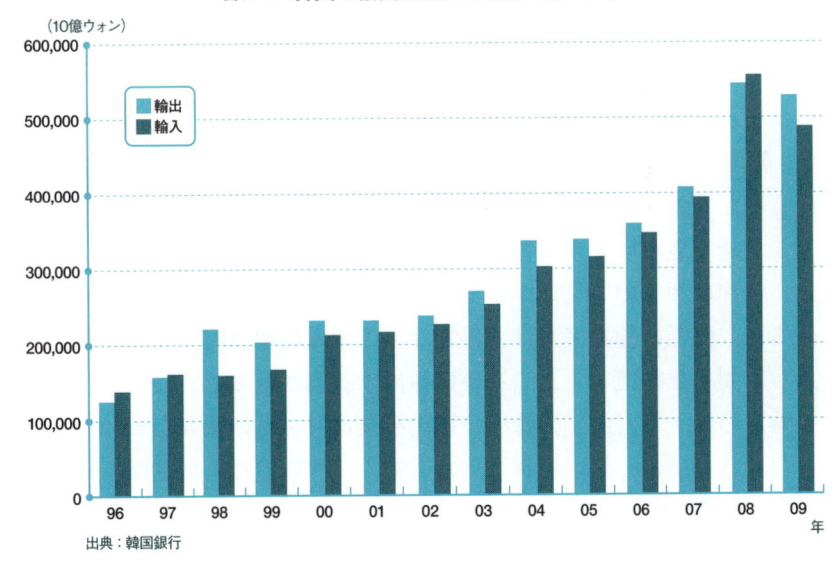

(10億ウォン)　輸出　輸入

出典：韓国銀行

本市場はきわめて手強く、結局、サムスンも現代もギブアップしてしまいました。サムスン電子は07年に、現代自動車は09年に日本撤退を決定しました。

韓国は通貨危機に瀕すると、翌年は貿易黒字になる傾向がある

　日本の側から見た日韓貿易の変遷を見てみましょう。貿易黒字とは「日本から見て貿易黒字」なので、「韓国から見ると貿易赤字」になります。

　さすがに世界貿易が激減した09年は、輸出入も貿易黒字の額も減りました。しかし、いずれにせよ**一貫して韓国の輸入超（貿易赤字）になっている**現実がおわかりいただけるかと思います。ちなみに、10年は世界貿易が若干回復したこともあり、韓国の対日貿易赤字は348億8000万ドルと、過去最高に達しました。

　続けて、韓国の輸出入全般について見てみましょう。

　韓国の輸出入には、通貨危機などで国家経済が破綻の危機に瀕すると、翌年の貿易黒字が拡大するというおもしろい傾向があります。たとえば、アジア通貨危機で韓国ウォンが大暴落した直後の1998年、韓国の貿易黒字は過去最高に達しています。なぜでしょうか。

　あるいは、同じく韓国ウォンが暴落した08年の翌年、すなわち09年に、韓国の貿易黒字はまたまた拡大しています。98年と09年の韓国は、全く同じ理由から貿易黒字が拡大したのです。すなわち、輸入の激減です。通貨危機により為替レートが暴落すると、輸入力が極端に弱まり、韓国は翌年の貿易黒字が拡大するわけです。

　また、**韓国の輸出産業は、日本などの資本財輸出国から資本財を輸入し、製品を製造した上で海外に輸出するのが基本モデル**です。09年の外需の縮小に直面し、韓国の輸出産業は資本財の輸入を絞り込みました。さらに、08年の通貨下落の影響で、韓国の輸入物価は高騰しました。結果、09年は輸出金額が減少したにもかかわらず、それ以上に輸入が減り、純輸出（ほぼ貿易黒字）が拡大するという珍しい現象が発

生します。

09年の韓国は「縮小成長」

　とはいえ、韓国がウォン暴落の危機に直面していた08年は、輸出が輸入を下回る「貿易赤字」状態でした。また、09年に韓国の輸出は減少しましたが、それでも対前年比で2.5％程度にすぎず、08年のウォン暴落が逆に幸いし、09年の韓国の輸出は下支えがされたわけです。

　輸出が減った以上、通常は「GDPが減った」と理解されます。それは確かに正しいのですが、統計上「表面的」には、輸出減少以上に輸入が激減すると、純輸出が拡大し、見た目のGDPは増えるのです。

　しかし、輸出減少にしても輸入減少にしても、内需の不振を招くか、あるいは内需の不振になった結果、輸入が減少するのです。**見た目の外需（＝純輸出）が増加しても、GDP全体は縮小しているわけです。**この現象を、筆者は「縮小成長」と名づけました。09年の韓国が、まさしくその状態にあったわけです。

> 韓国の対日貿易は、迂回貿易です。日本は韓国に資本財を輸出し、韓国がそれをもとに消費財を製造し、輸出しています。日本からの輸入は多く、輸出が少ないので対日貿易赤字は毎年拡大しています。

第4章　新興国　21世紀、世界経済のエンジンになれるか？

Q45 韓国経済の問題点はなんですか？

日経新聞は国内市場の競合が少なく、利益率の高い韓国企業を見習えという趣旨の発言をしていましたが、このことこそが、韓国経済の問題だということを見てみましょう。

キーワード
ビッグディール…業界で長年ライバル関係にあるような会社が交渉を経て合併し、経営統合を行うこと
選択と集中…自社の得意とする事業分野を明確にして、そこに経営資源を集中させようという戦略

日本企業の利益率は過当競争の結果、軒並み低くなっている

　まずは1つ、質問をさせてください。国内の「ある企業」が最高益を上げたとして、それは「消費者」や「顧客」にとって、どのような意味を持つでしょうか？

　その企業の株主にとっては、大変めでたいことです。なにしろ、企業の利益が上昇すると、株価は上がり、配当金も増えます。企業の株主にとっては、自らの手取り利益も増えることを意味しているのです。

　それでは、その企業の顧客である消費者にとってはどうでしょうか？　「ある企業」が最高益を上げたことは、その企業が提供する製品やサービスの「客」にとっても、うれしいことなのでしょうか？

　あるいは、逆の質問をしましょうか。

　日本市場は現在、デフレの上に過当競争です。1つの産業（例:自動車産業、家電産業）に多数の競合がひしめき合っており、日々、すさまじい競争を繰り広げています。競争とはすなわち、「よい製品、よい

図45-1 韓国ウォンの対ドル為替レートの推移 05-10年

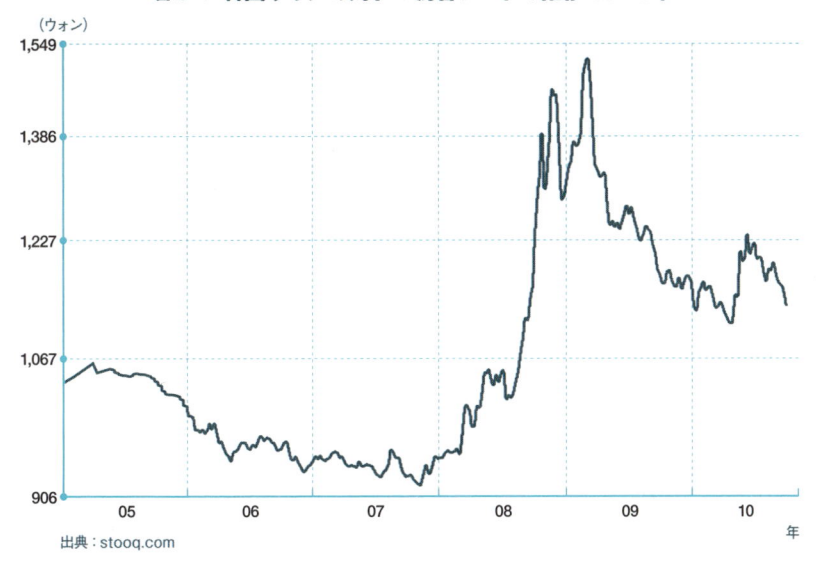

(ウォン)

出典：stooq.com

　サービスを、できるだけ低価格で」という争いになります。
　競争に勝ち残れない企業は、容赦なく淘汰されます。どの企業も淘汰されるのはごめんですので、懸命に顧客ニーズを満たすべく、日夜、努力を続けています。
　日本企業が世界最悪といっても過言ではない、すさまじい競争状態が維持されている国内市場で利益を出せない分、国内の消費者、すなわち日本国民が得をしているということになります。

韓国の企業はアジア通貨危機で、各産業に企業が1つか2つに絞られた

　日本のマスコミは、利益率が高い他国企業を礼賛するのが大好きです。たとえば、韓国のサムスン電子は、利益額が極端に高くなっています（09年の純利益が約7000億円）。この事実を捉え、マスコミは「日本企業は束になってもサムスン電子1社にかなわない」などと、懸命に自国企業を貶(おとし)めようとします。

日本企業の利益が、サムスン電子に全くおよばないのは事実です。とはいえ、オリンピックやワールドカップではあるまいし、その企業に勤めているわけでもない国民が、自国企業の利益が高いことを喜ぶのは変な話です。なにしろ、**企業の利益が「低い」とき、得をしているのは、間違いなくその国の消費者、すなわち国民**なのです。

　逆のいい方をすると、**国内に極端に利益率や利益額が高い企業が存在していたとき、「損をさせられている」のは、間違いなくその国の国民**です。韓国のサムスン電子の利益額が極端に多い分、韓国国民が損をしているということになります。

　なぜならば、資本主義社会において「極端に利益が大きい」状況とは、市場において競争が存在しないか、もしくは競争が弱いことによって実現している可能性が高いためです。

　実は、韓国は1997年のアジア通貨危機で、IMF管理下に置かれるまでは、日本同様に1つの分野で多数の企業が競争を繰り広げる環境が成立していたのです。ところが、IMF管理下において「産業の組み換え」(ビッグディールといいます) が実施されました。

　ビッグディールが完了した結果、**韓国では各産業において企業が1つ、もしくは2つ程度に絞られてしまいました**。国として1つの産業分野に重複で投資をすることを解消し、いわゆる「選択と集中」を実現したわけです。

　韓国の大手企業は、それまでよりも「利益が出る」体質に生まれ変わりました。同時に、**韓国市場も過当競争を失い、大企業が利益を出しやすい環境**へと作り変えられたのです。

国民経済の発展に尽くすべき大企業が外国資本になった韓国

　IMF管理やビッグディールなどを通じ、韓国の大手企業に外国資本が一気になだれ込みました。その後も外資の流入は続き、現在のサムスン電子は株式の49％超を外国人が保有しています。自動車最大手の現代自動車は40％近く。鉄鋼最大手のポスコも株式の半分が外国人保

有です。当然ながら、これらの大企業が稼ぐ利益から、外国人株主に配当金が支払われ、韓国の所得収支のマイナスとしてお金が海外に流出しています。

　ちなみに、韓国では大企業の数が3000社程度であるのに対し、中小企業は300万社を超えます。また、雇用についても、大企業に勤める人が160万人であるのに対し、中小企業は1150万人です。**韓国では企業数も雇用も、中小企業が支えている部分が大きいのです。**

　そして、昨今のウォン安は、輸出分野が大きい大企業にこそ有益ですが、国民を主な顧客としている中小企業には、なんの恩恵もありません。それどころか、輸入物価を上昇させることで、国民の生活を逆に苦しくしています。特に、図4-1（25頁）の通り、韓国の輸入依存度は突出して高くなっています。ウォン安など、大企業を除く一般の韓国国民にとっては、苦痛以外のなにものでもありません。

　なんと11年2月時点の韓国では、ガソリンが1リットル140円と日本よりも高くなっています（ちなみに、日本はレギュラーが全国平均134円）。大企業を潤すウォン安は、国民に物価高という痛みを与えているのです。

　結局のところ、本来は**国民経済の発展に尽くすための大企業が外国資本となり、国内の市場競争が失われつつある。**結果、韓国国民が「大企業に利益を出させる」状況が続いていること。これこそが韓国経済の最大の問題なのです。

> アジア通貨危機以降、韓国の大企業は寡占化し、外国資本となり利益を出しやすい環境に。国民経済の発展に尽くすべき大企業が外国資本となり、国内の競争が失われていることが最大の問題です。

第4章　新興国　21世紀、世界経済のエンジンになれるか？

Q46 中国やインドなどの新興国が台頭する中、世界経済で韓国はどのような位置にいますか？

韓国経済はQ45で述べた通り、大企業が外国資本となり、国内の競争が失われていることが問題です。その問題を抱え、今後はどういった方向に進んでいくのでしょう。

キーワード
CPI（消費者物価指数）…Consumer Price Indexの略。消費者が購入する商品やサービスの小売価格（物価）の変動を表す指数
スタグフレーション…不況とインフレ（物価の持続的な上昇）が同時進行する状況

スタグフレーションに突入した韓国

　韓国の話をする前に、まずは「国民経済」の目的について説明します。国民経済の目的は、決して自国の代表的な企業に莫大な利益を稼がせ、外国人投資家に巨額配当金を支払い、マスコミに「サムスン電子１社の利益は、日本の全家電企業の利益合計を凌駕する。サムスン万歳！」などと、提灯記事を書かせることではありません。

　国民経済の目的とは、「**国民に必要な製品やサービスを供給することを、継続的に実現すること**」に尽きます。

　国民が「より容易に」製品やサービスの供給を受けることが可能になっていく状態を、「国民が富んでいる」と表現します。

　現在、韓国は主にウォン安の影響で、輸入物価が高騰し、それがCPI（消費者物価指数）にも悪影響を与えはじめています。10年に入り、韓国の輸入物価上昇率が目立ちはじめました。また、輸入物価の上昇を受け、韓国銀行はウォン防衛のため、政策金利を引き上げました。

結局のところ、「外資」に資本的に支配された大企業が、どれだけ国内でシェアを高め、海外市場で目覚ましいビジネス的な成功を収めたとしても、国内の雇用や給与水準には好影響を与えないのです。

現在の韓国では、ウォン安で物価が上昇傾向の最中に、「実質的な」失業率が悪化するという「スタグフレーション」状態に突入しています。さらに、グローバルで戦う大企業が主因で、国内の給与水準も上がらないわけですから、国民はたまったものではありません。

国家モデルを構築できずにもがき続ける韓国

韓国ははたして、どのような国を目指すべきなのか。実のところ、国民経済の発展を伴いつつ、目指すべきモデルが存在しないのです。

韓国の人口は、4833万人で、国民所得（国民1人あたりの名目GDP）は1万7074ドル（09年）。この人口規模、かつ所得水準で、韓国がアメリカや日本のように大消費経済を構築するのは、全くもって不可能です。さらに、韓国は、日本を上回るほどの少子化になっており、今後の人口増加も望めません。また、中国やインドなど膨大な人口を抱える国国と、人件費の安さをウリにグローバルで戦うこともできません。

今後の韓国は、日米のような大消費社会でもなく、日本のように過当競争に基づく企業の革新性で勝負するわけでもなく、中国やインドのように低人件費を武器に世界を席巻する企業が育つわけでもなく、中途半端な位置づけで、国家モデルを構築できずにもがき続ける可能性が、極めて濃厚であると考えます。

> **A** 今後の韓国は、日米のような大消費社会でもなく、中国やインドのように低人件費を武器にするわけでもない、中途半端な位置づけで国家モデルを模索していくことになりそうです。

4章のポイント

✓ ブラジル経済の特徴は、「内需の割合が非常に高い」ということ。新興国の経済発展は外需すなわち、輸出に依存しがちになりますが、ブラジルは国内に独自の産業や製品が存在しているのです。それはバイオエタノール車です。国内にオリジナル産業を持っていることは、国民の給与水準を高め、個人消費の割合を高める一因です。日本に似た経済モデルを持ち、内需が大きいブラジルは、新興国の中でも突出したパフォーマンスを示す可能性があります。

✓ ロシアも世界金融危機の影響をもろに受けました。というのも、ロシアの輸出先は金融危機が直撃した欧州が多く、各国がロシアからの輸入を減らしたのですから影響を受けないわけがありません。09年の実質GDP成長率もマイナス7.9％と98年のロシア危機のときのマイナス5.3％を上回る数値となっています。

✓ インドの名目GDPを項目別に見ると、個人消費が6割近くを占めています。また、純輸出がマイナスになっています。インドは内需の国で恒常的な貿易赤字国なのです。09年にインドの実質GDP成長率はプラス7.4％。この成長率を下支えした要因の1つは、政府の消費支出の拡大でした。とはいえ、インドは貿易赤字国かつ経常収支赤字国なので、政府の支出拡大で財政赤字の懸念があります。

✓ 韓国経済は、アジア通貨危機以降、大企業が寡占化し、外国資本となりました。そのため、国民経済の発展に尽くすべき大企業の国内での競争が失われていることが、最大の問題点です。輸入依存度が高い韓国では、ウォン安は、大企業を除いた一般国民にとり苦痛以外のなにものでもないでしょう。

最終章 日本

これからの日本が進むべき道

最終章では日本経済について見ていきます。政府の借金、消費税増税、デフレ、景気対策など山積みの日本の問題を数値ベースで考えてみましょう。マスコミからの曖昧な印象づけや言葉のイメージを捨て去り、本当の問題点はなにか、「正しいものの見方」を身につけてください。

最終章　日本　これからの日本が進むべき道

Q47 政府の借金は年々増えていますが、やはり減らすべきですか？

「日本の借金問題」の報道はもう聞き飽きていますが、重要なことは負債額を少しでも減らすことでしょうか？ 本当に重要なことがなんなのか見ていきましょう。

キーワード
インフレ率…前年と比べてどれくらいインフレになったかを表した指数。前年と変わらない場合はインフレ率は0％となる

自国通貨建ての政府負債の場合、絶対額を論評することは無意味

　自国通貨建ての負債（借金）である限り、絶対額で政府の借金残高を論評することに、意味はありません。なぜならば、政府が国債を増発しすぎ、長期金利が上がっていった場合に、中央銀行が国債を買い取れば話がすんでしまうためです。もちろん、その場合は、インフレ率が上昇していきます。

　すなわち、自国通貨建ての政府の負債残高である限り、問題にすべき指標は長期金利とインフレ率のみなのです。負債の絶対額は問題ではありません。

　ただし、これはあくまで「中央政府の自国通貨建て負債」の話であって、地方自治体の場合は全く別です。地方自治体は通貨発行権を持っていませんので、夕張市にせよ、カリフォルニア州にせよ、自らが発行した債券の償還や利払いができなければ、破綻すなわちデフォルトします。

　デフォルトするという意味では、「中央政府の外貨建て（もしくは共

表47–1　日本国家のバランスシート(10年6月末時点)

借方		貸方	
			(兆円)
資産		負債	
政府の資産	481.9	政府の負債	1001.8
金融機関の資産	2,755.0	金融機関の負債	2,744.4
非金融法人企業の資産	847.6	非金融法人企業の負債	1,183.7
家計の資産	1,452.8	家計の負債	373.5
民間非営利団体の資産	53.3	民間非営利団体の負債	19.1
		負債合計	5322.5
		純資産	
		政府の純資産	-519.9
		金融機関の純資産	10.6
		非金融法人企業の純資産	-336.1
		家計の純資産	1,079.3
		民間非営利団体の純資産	34.2
		純資産合計	268.1
資産合計	5590.6	負債・純資産合計	5590.6

出典：日本銀行
※上記バランスシートは金融資産のみで、不動産などの非金融資産は含まれていない
また、「政府の負債」には地方公共団体分の負債も含まれている

通通貨建て)の対外負債」も、やはりデフォルトします。

　結局のところ、唯一、**中央政府の自国通貨建て負債のみが、他の経済主体の負債とは明確に区別されるわけです**。それは、中央政府の「役割」に起因します。

中央政府の役割とは？

　中央政府の役割、厳密に書くと「資本主義国における中央政府の役割」とは、「**民間経済が健全に成長するように、需給や金利、物価などを調整すること**」に尽きます。インフレ下で国内の供給が足りないのであれば、増税や政府支出削減により需要を減らす。あるいは規制緩和により供給を増やす。逆に、現在の日本のように需要が足りないデフレ環境下では、減税や財政出動により需要を増やす。その際に、

金利水準や物価がボトルネックになるため、中央銀行と連携し、極端な金利上昇や高インフレを生じさせないようにする。政府が国家経済に果たすべき役割とは、基本的にはこれだけなのです。

インフレとは、国内の需要に対して供給能力が追いつかない状況を意味します。インフレ環境下では、供給能力をフル活用してさえ、需要を満たすことができないのです。結果的に、物価は上昇傾向をたどります。そうである以上、**中央政府は決して国債増発や財政出動の拡大に乗り出してはなりません**。インフレ期には政府の支出拡大ではなく、むしろ支出縮小、つまり、ムダの削減が望ましいのです。税金として国民から入ってきたお金を支出に回さず、国債を償還(借金を返済)するのもいいでしょう。

というわけで、「日本政府の借金は減らすべきですか？」という問いに対する回答は、**インフレ期で需要過剰になっているのであれば、減らすべきです**、となります。

環境に応じて正しい対策は変わってくる！

表47-1を見てください。問題になっている「国の借金」は、「政府の負債」の1001.8兆円の部分になります。この政府の負債を、無理やりに減らしたらどうなるでしょう？　たとえば、強引に100兆円を返済してしまうわけです。

政府が借金を返済すると、「政府の負債」は確かに100兆円減りますが、同時に国債を購入していた「金融機関の資産」も減り、借方・貸方共に総額が100兆円ずつの減少ということになります。すなわち、国家のバランスシート全体で、左右が共に100兆円縮小することになるのです。

この場合、**政府が100兆円ものお金を使い、借金を返済したにもかかわらず、国家経済のフローであるGDPには「なんの貢献もしていない」**ことに留意してください。

さて、今度は政府が「現金100兆円」を、借金返済ではなく、景気

対策に回した場合のケースを考えてみましょう。この場合、国家のバランスシートの「政府の資産」として計上されていた現金100兆円が、「非金融法人企業の資産」に姿を変えます。また、政府が公共投資として支出した場合は、GDPの構成要素である民間企業の生産やサービスの提供（建設や運輸など）が発生します。すなわち、GDP（内の公的固定資本形成）が100兆円分増えるのです。

また、政府の事業を受注した企業は設備投資を拡大し、従業員給与を支払います。すると、今度はGDPの民間企業設備や、民間最終消費支出が拡大します。この種の支出効果の伝播を、「乗数効果」と呼びます。政府の支出に乗数効果が働き、GDPは最初に投入された100兆円を上回る拡大を見せるのです。

日本がデフレではなく、インフレ下に置かれていた場合、100兆円（乗数効果を含めると、それ以上）もの需要を政府が作り出すなど、とんでもない話です。ただでさえ供給が追いついていない状況で、需要がさらに膨らんでしまうわけです。インフレ環境下においては、政府に現金100兆円があった場合、全額を借金返済に費やしてしまうのが正しい政策ということになります。

現在、日本はデフレですから、とにもかくにもデフレを脱却する必要があります。デフレを脱却し、日本の名目GDPの健全な成長率を取り戻す必要があるのです。そのために日本政府に求められる対策は、「大々的な財政出動」であり、「大々的な借金返済」ではないということになります。環境変化に応じて、正しい対策は変わってくるのです。

> 日本のように多くが自国通貨建ての負債であれば、絶対額で政府の借金残高を論じることは無意味。インフレ下であれば、支出縮小が望ましいので、税金を支出に回さず、借金を返済すべきでしょう。

Q48 デフレ下で消費税を増税すると、個人消費はどのような影響を受けますか?

消費税率アップのニュースが聞かれますが、現在のデフレ下で、増税ははたしてどのような結果をもたらすのでしょうか。

キーワード
緊縮財政…支出を可能な限り減らして、歳出規模の縮小を図る財政

デフレ下での緊縮財政がもたらしたものは、給与の下落、失業率上昇、自殺者の増加

　デフレ環境下で消費税を増税すると、どうなるか。なにしろ、日本は1997年にそのままのことを実行に移したわけですから、当時の事例を見ればすぐに理解できます。

　97年、デフレから脱却しきっていなかったにもかかわらず、橋本政権が消費税増税を断行した結果、どうなったか——。まさしく「恐ろしい結果」をもたらしました。

　図48-1は、日本の自殺者数、失業率、そして平均給与について、80年を1と設定し、推移を比較したものです。橋本政権が「消費税増税、公共投資削減、新規国債発行停止」という緊縮財政路線を採用した結果、日本は平均給与が下がりはじめ、失業率が急上昇し、そして自殺者数が跳ね上がったのです。

　普通に考えて、平均給与が下がり、失業率や自殺者数が増える国を「いい国」とは呼ばないでしょう。この緊縮財政は、日本の「国柄」を変えてしまうほど、多大なダメージを国家全体にもたらしたのです。

図48-1 **日本の自殺者数、失業率、平均給与 80-08年**

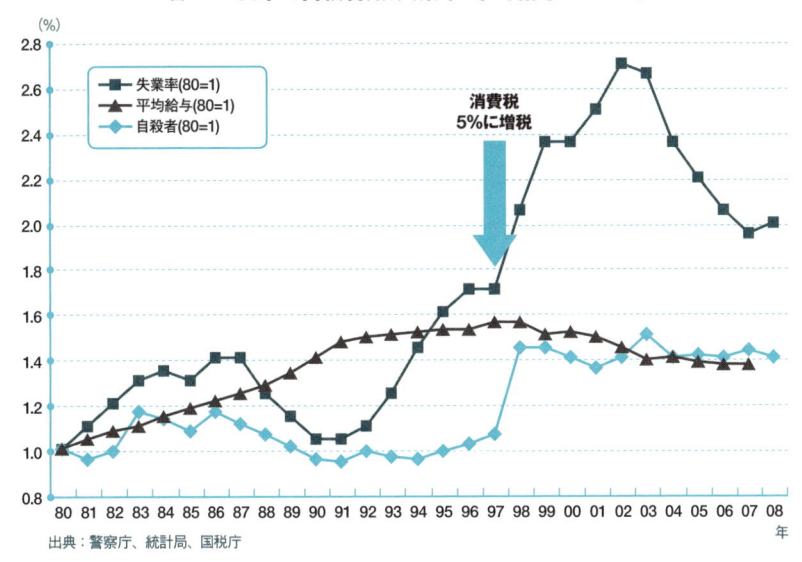

凡例:
- 失業率(80=1)
- 平均給与(80=1)
- 自殺者(80=1)

消費税5％に増税

出典：警察庁、統計局、国税庁

表48-1 **97年の緊縮財政が日本のGDPや税収に与えた影響**

GDP／税収	96年	97年	98年
民間最終消費支出	2.40%	1.96%	-0.77%
民間住宅	12.47%	-10.40%	-16.20%
民間企業設備	-0.39%	7.64%	-7.73%
政府最終消費支出	2.96%	2.09%	1.69%
公的固定資本形成	5.18%	-6.64%	-5.80%
純輸出	-63.51%	126.78%	64.03%
消費税	6兆2499億円	7兆4644億円	8兆4235億円
所得税	19兆9785億円	20兆7105億円	17兆4210億円
法人税	13兆9575億円	13兆5004億円	12兆210億円
3大税の合計	40兆2309億円	41兆8655億円	37兆8655億円

出典：内閣府、国税庁

増税でデフレが深刻化

　そもそも橋本政権が緊縮財政に走ったのは、その前の村山政権時に「日本財政危機論」が、一気に日本社会に蔓延したためです。95年頃から、マスコミや政治家が「財政危機キャンペーン」を展開しました。95年11月の国会においては、時の大蔵大臣・武村正義氏が「日本は財政危機である」と、ご丁寧に財政危機宣言まで行ったのです。大蔵大臣が「国会」という場で財政危機宣言を行った以上、普通の人は財政危機を信じます。
「日本は財政危機である」という論調が社会に共有されていった結果、村山政権の跡を継いだ橋本政権が、デフレ下の緊縮財政という無謀なチャレンジに乗り出したのです。
　結果、その後の日本経済は、デフレが深刻化していきました。そもそも**「需要不足」で悩んでいる状況で、政府が支出を切り詰めたり、増税したりした日には、ますます国内需要が減ってしまいます**。具体的には「政府最終消費支出」「公的固定資本形成」「民間最終消費支出」などの需要項目が減ります。国内の需要が減ると、民間企業も投資を手控え、収益を借入金の返済や、内部留保に回すようになりました。
　結果、銀行などの金融機関が「運用先が見つからない」過剰貯蓄であふれ返り、国債金利は長期低迷しました。
　大蔵大臣がわざわざ国会で「財政危機宣言」を行ったにもかかわらず（いや、おそらく、だからこそ）、その後の日本において長期金利は低下していきました。すなわち、政府の資金調達は、ますます容易になっていってしまったのです。普通に考えて、財務的な危機に瀕している経済主体（国でも企業でも、家庭でも）の金利は上昇します。誰も、返済不能になる可能性がある人にお金を貸したくはないですから、当然ながら高い金利を取り、リスクをヘッジするわけです。
　実際、事実上の財政破綻に陥っているギリシャやアイルランドの長期金利は、上昇していきました。といいますか、**長期金利が上昇した**

からこそ、両国は財政破綻の危機が膨らんでしまったのです。

ところが、日本の場合は大蔵大臣の「財政危機宣言」の後に、金利が逆に下降していきました。日本政府や政治家、それにテレビなどに登場する評論家たちが、いかに問題把握を間違えていたかが、この1点だけでも理解できます。

さて、ここで橋本政権による消費税増税をはじめとする緊縮財政が、日本のGDP、税収にどのような影響を与えたのか見てみましょう。

増税したのに、トータルの税収は4兆円も減少

97年に緊縮財政が強行された結果、個人消費（民間最終消費支出）、民間住宅、民間企業設備と、民間の内需がそろってマイナス成長に陥りました。さらに、政府の公共投資（公的固定資本形成）までもがマイナス成長に陥ったわけですから、デフレが悪化（＝需要の縮小）して当たり前です。

さらに、税収にいたっては、確かに消費税こそ増えましたが、所得税や法人税が激減し、トータルでは4兆円もの税収減になってしまったのです。「財政健全化」を目指して緊縮財政を実施したはずが、GDPが極端なマイナス成長に陥り、税収も減り、財政はかえって悪化したわけです。「日本は財政破綻目前だ！　緊縮財政を！」などのイメージを無視し、数値データを見ると、デフレ下の緊縮財政がいかに愚考であるか、簡単に理解できると思います。

> 97年の消費税増税などの緊縮財政がもたらしたものは、給与の下落、失業率上昇、自殺者の増加という結果でした。そして、トータルでは税収が減収に。デフレ下での増税は絶対にやめるべきです。

最終章 日本 これからの日本が進むべき道

Q49

「給料が上がらずデフレ」は、国民にとって懐事情は変わらない気もしますが、やはりデフレを脱却するべきですか?

日本では長引くデフレの問題が深刻化しています。「デフレの罪」を見ていきましょう。

キーワード
GDPデフレータ…名目GDPを実質GDPで割ることで求められる数値
リフレーション政策…金融緩和や財政支出の拡大によって、デフレ脱却を図り、景気回復を目指すこと

デフレがデフレを呼ぶ悪循環こそ問題!

　上記の問いは、そもそも前提条件が間違っていますが、とりあえず答えは「デフレを脱却すべき」になります。前提条件の間違いについて解説する前に、まずは「デフレとはなんなのか?」について正しく理解しておきましょう。デフレの理解には、日本経済復活の会が使っている「GDG (Gross Domestic Gyudon:国内総牛丼)」の指標例がもっともわかりやすいです。本書でも、この例を拝借いたしましょう。
　デフレとは、そもそも実質GDPが上昇しているにもかかわらず、名目GDPが上昇しない現象です。経済用語でいえば、GDPデフレータがマイナスになっているわけです。などと説明しても頭に入らないと思いますので、以下の「GDG」の例をご覧ください。

図49-1 日本の名目GDP、実質GDP実額推移 80-09年

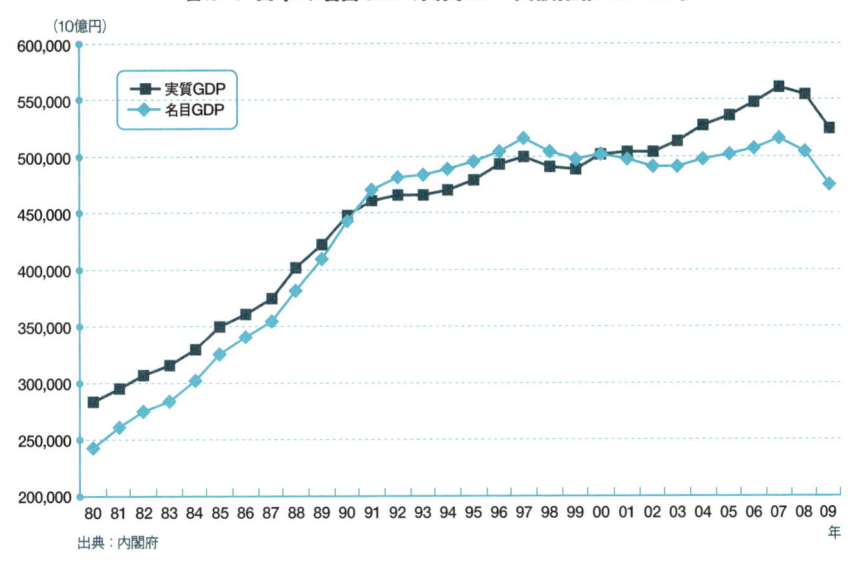

(10億円)
実質GDP
名目GDP

出典：内閣府

GDG指標例

> 10年前　牛丼1杯400円
>   牛丼屋Aの1日の売り上げ　平均100杯
>   すなわち、400円×100杯＝4万円
> 未来1　物価変動率ゼロ
>   牛丼屋Aの1日の売り上げ　平均120杯
>   すなわち、400円×120杯＝4万8000円
>   **成長率**　名目GDG：20％　実質GDG：20％
> 未来2　デフレで牛丼1杯280円の世界
>   牛丼屋Aの1日の売り上げ　平均120杯
>   すなわち、280円×120杯＝3万3600円
>   **成長率**　名目GDG：マイナス16％　実質GDG：20％

現実の日本がどちらかといえば、もちろん「未来2」の方です。すなわち、実質GDG（数量ベース）は伸びているにもかかわらず、物価下落により名目値が落ちてしまっているわけです。もちろん、同じ牛

丼を3割も安く食べられるわけですから、未来2において「得」をしているのは、間違いなく消費者です。

しかし、企業側からしてみれば、同じ製品の売上数量を20％も伸ばした（実質GDG20％成長）にもかかわらず、名目の売上高が16％もマイナスになってしまうのですから、たまりません。こんな有り様で従業員の給与を上げられる店主はいませんから、**人件費が伸びず、人々はますます「格安もの」に群がるようになり、デフレが深刻化してい**くわけです。この「悪循環」こそが問題なのです。「需要縮小」が企業を経由して「さらなる需要縮小」を呼び、日々、デフレを悪化させてしまうわけです。

実質GDPは伸びているが、名目GDPは97年をピークに横ばい

次に、GDPで見てみましょう。図49-1の通り、日本の名目GDPは1997年をピークに、ほぼ横ばいになっていますが、実質GDPは意外と伸びています。「数量ベースでは増えていっているが、価格ベースでは横ばい」というわけです。まさしく、この乖離分だけ価格が下落していっているわけですから、企業経営者はたまらないでしょう。懸命に販売数量を伸ばしても、売り上げは下落するか、せいぜい横ばいなのです。

結果、「給料が上がらずデフレ」ではなく、「給料が下がってデフレ」もしくは「失業して給料をもらえなくなってデフレ」へ突き進んでしまうわけです。無論、日本国内で健全な市場競争が維持され、デフレで価格が下がっていくこと自体は、消費者にとってすばらしいことです。とはいえ、企業が人件費削減に邁進しなければならないほどのデフレは、さすがに困るのです。要するに、程度問題なのです。

デフレは少子化を引き起こす！

デフレには、需要縮小が需要縮小を呼ぶ悪循環の他にも、複数の「国

家的な問題」があります。1つ目は、少子化です。実は、現代日本に限らず、**デフレとは「少子化」を普通に引き起こしてしまう**のです。

たとえば、約300年前の日本において、元禄バブルが崩壊し、跡を継いだ徳川吉宗が「ぜいたくは敵だ」とばかりに、幕府の財政を切り詰める（プラス増税）緊縮財政路線を採りました。いわゆる「享保の改革」です。「バブル崩壊後の緊縮財政」という、どこかで聞いたような路線を突き進んだ結果、日本国内は米価が暴落するデフレ状態に突入し、農民一揆が頻発します。さらに、石高すなわち「米の量」で給与をもらっていた武士までもが、不穏な状態に陥ってしまったのです。結果、日本は少子化になりました。

日本のデフレは、将軍吉宗が方針を翻し、元文の改鋳という「**リフレーション政策**」を採ったため、なんとか終息しました。しかし、その後の日本は江戸末期にいたるまで、少子化が続いたのです。

あるいは、世界大恐慌下の1930年代のアメリカでは、結婚数や出生数が激減しました。**デフレで若者が失業の危機に怯え、給与水準も伸びず、将来に展望を持てない環境下では、結婚や出生が減る**のです。

デフレには、もう1つ重大な問題があります。それは、**デフレを放置することこそが、「国の借金の将来世代への先送り」そのままである**という現実です。デフレ下では「お金の価値」が上がり続けるため、借金残高の実質価値も上昇していきます。逆に、**健全なインフレ下で名目GDPが拡大していけば、将来における負債の実質価値は下がります**。「国の借金」は、インフレ下では将来になればなるほど小さくなり、デフレ下では逆に将来になればなるほど大きくなるわけです。

A デフレは少子化を引き起こします。また、デフレを放置すると、お金の価値が上がり続けるため、「国の借金の将来世代への先送り」になるのです。デフレは脱却すべきです。

最終章　日本　これからの日本が進むべき道

Q50 事業仕分けは国の経済にとって、意味があることですか?

メディアは事業仕分けを礼賛していましたが、日本の経済上はプラスになっているのでしょうか。見ていきましょう。

キーワード
デフレギャップ…超過供給のこと。ギャップを埋める対策としては、政府支出を増やすことが有効
補正予算…当初予算成立後に修正した予算。景気対策や自然災害などに対応するために組まれる

事業仕分けでデフレがますます深刻化した

　09年から10年にかけて行われた民主党政権の事業仕分けは、日本経済を縮小させるという点で、非常に意味がありました。あるいは、デフレを深刻化させる上で、意味があったといえばいいでしょうか。

　経済的には2つの点で大きな問題があったといえます。1つ目は、先に書いた通り「**日本経済を縮小させることに貢献した**」という点です。さらに2つ目は、「国家のグランドデザインやビジョンなしに、**ミクロレベルの予算削減を強行した**」という点になります。以下で1つずつ、見ていきましょう。

　デフレの元凶ともいえる「**デフレギャップ**」ですが、これは日本の需要と供給能力（経済用語では潜在GDPといいます）の「マイナスの差」を意味しています。需要である「現実のGDP」に対して、日本経済の潜在的な供給能力が大きすぎるために、価格下落が止まらなくなっているのです（結果、Q49の販売数量が増えても売上高が下がる、GDGの「未

図50-1 日本の名目GDP(09年)とデフレギャップ

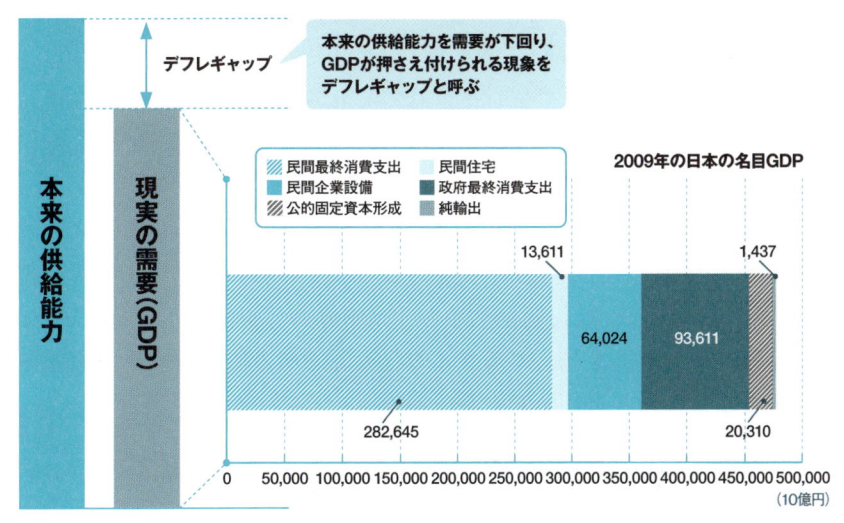

デフレギャップ
本来の供給能力を需要が下回り、GDPが押さえ付けられる現象をデフレギャップと呼ぶ

本来の供給能力
現実の需要(GDP)

民間最終消費支出
民間企業設備
公的固定資本形成
民間住宅
政府最終消費支出
純輸出

2009年の日本の名目GDP
13,611
1,437
64,024
93,611
282,645
20,310

0 50,000 100,000 150,000 200,000 250,000 300,000 350,000 400,000 450,000 500,000
(10億円)

出典：内閣府

来2」状態に陥っています）。

　すなわち、問題になっているのは「需要不足」なのです。そして、事業仕分けで削られた政府の予算は「政府最終消費支出」もしくは「公的固定資本形成（公共投資）」という、立派な政府支出という需要の一部です。デフレギャップが拡大しているときに、**事業仕分けなどといって政府支出を削減すると、ますますGDPが減ります。**結果、デフレギャップはさらに拡大し、デフレが深刻化してしまうわけです。

民主党の補正予算3兆円凍結で、日本のGDPはマイナス0.6%に

　さらにいえば、民主党政権は09年9月の発足直後に、前政権（麻生政権）が成立させた景気対策の**補正予算**を3兆円分、凍結しました。これをマスコミは慶事かなにかのごとく礼賛報道しましたが、「補正予算凍結3兆円」とは、別に政府や政府関係者に流れるお金を止めたわけではありません。政府から「民間企業」に支出されるべきお金を、

209

一方的に止めてしまったのです。民主党政権の補正予算3兆円凍結により、日本のGDPは少なくとも「マイナス0.6％」になったのです。あるいは、GDPが0.6％分「増えなかった」ということになります。

政府から民間企業へ景気対策として流れる予算を止めたところで、政府関係者はなにも困りません。困るのは、3兆円分の「ビジネス」を失ってしまった、民間企業の方なのです。

民間企業から3兆円のビジネスが奪われたにもかかわらず、マスコミが「3兆円削減目標達成！」などとやっているわけですから、心底あきれてしまいます。民間企業から3兆円分のビジネスが失われると、その分、不景気になり、マスコミの収入源である広告費や新聞購読費が減ってしまうと思うのですが…。

各省庁に「一律●●％カット」と迫るのは、民主党が思考停止しているからだ！

さて、民主党の事業仕分けを評価できない2つ目の理由ですが、前述の通り「国家のグランドデザインやビジョンが皆無」という点です。たとえば、事前に「日本の国家戦略は、かくのごとしである。日本の将来は、かくのごとくなる」と、成長戦略なりビジョンを示した上で、「この分野は積極投資」「この分野からは撤退」と「事業を仕分ける」のであれば、まだしも理解できます。しかし、現実の民主党政権は、事業仕分けに際し、事前に成長戦略やビジョンを語ることはありませんでした。

あったのは、ただテレビで仕分け人が「これは本当に必要な予算なんですか？ 説明できますか？ できませんね、カットで」と、恫喝的に官僚を苛めて予算を削り取る「パフォーマンス」だけでした。

さて、**一般企業が「事業仕分け」をする場合、ビジョンや事業戦略に基づき、撤退する事業と強化する事業を分類**します。将来的なビジョンや成長戦略にそぐわないと判断された事業については、縮小もしくは撤退し、逆に将来の事業の中心を担うと考えられる分野において、投資を拡大していくわけです。すなわち「選択と集中」を実現するた

めにこそ、事業仕分けを実施するわけです。

　ところが、民主党は将来戦略に基づいた「選択と集中」ではなく、「選択と削除」のみを強行してしまいました。結果的に、日本の将来を担う可能性がある技術への投資が、問答無用で削られてしまいました。この現実は、日本の将来のビジョンやグランドデザインを描く際に、禍根(かこん)を残さざるを得ないでしょう。

　ところで、一般企業において、景気が悪化した際に「各部署共に一律で何％予算カット」とコスト削減を断行するケースがあります。これは経営改革上、最悪の選択なのです。

　なにしろ「一律カット」とは、選択と集中や、将来ビジョンについて「考えることを放棄した」思考停止の結果として採用される政策なのです。

　現在の民主党政権が、各省庁に「一律●●％カット」などと迫っているのを見ると、彼らはマクロ経済の基本すら理解していない上に、思考停止状態に陥っているという感想しか浮かんでこないのです。

A 事業仕分けは2つの点で大きな問題があります。1つ目は、日本経済を縮小させたという点。2つ目は、国家のグランドデザインやビジョンなしに、ミクロレベルの予算削減を強行したという点です。

最終章　日本　これからの日本が進むべき道

子ども手当てや高速道路無料化の経済効果はどうなっていますか？

Q51

民主党政権の"ウリ"である子ども手当てや高速道路無料化の経済効果はどうなっているのでしょうか。

キーワード
所得移転…失業保険や年金など、フロー（GDP）拡大とは直接関係なく、家計が受け取る所得

月に1万3000円程度の手当てで少子化が解決できるのか？

　新聞やテレビなどは、「子ども手当て」「高速道路無料化」と、キーワードを報道するだけで、マクロ経済的な意味を説明することはありません。「子ども手当てですよ、子ども手当て！　お子さんがいる家庭に手当てが配られるんです！」「無料化ですよ、無料化！　高速道路に無料で乗れるんです！」などと、テレビのコメンテータが一方的に連呼すると、なんとなくこれらの政策がすばらしいものだと思ってしまいます。

　現実にはどうでしょうか。まず、子ども手当てですが、この政策はもともとは「少子化対策」としてはじまったものです。あくまで「手当て」ですから、政府の銀行口座から家計の銀行口座にお金が振り込まれるタイプの政策になります。すなわち、子ども手当てそれ自体では単なる所得移転に終わり、GDPは1円も増えません。

　それにしても、「デフレ深刻化」「雇用の不安定」「給与水準の低下」といった、少子化の根本的な原因をそのままに、月に1万3000円程度

図51-1 消費性向と貯蓄性向

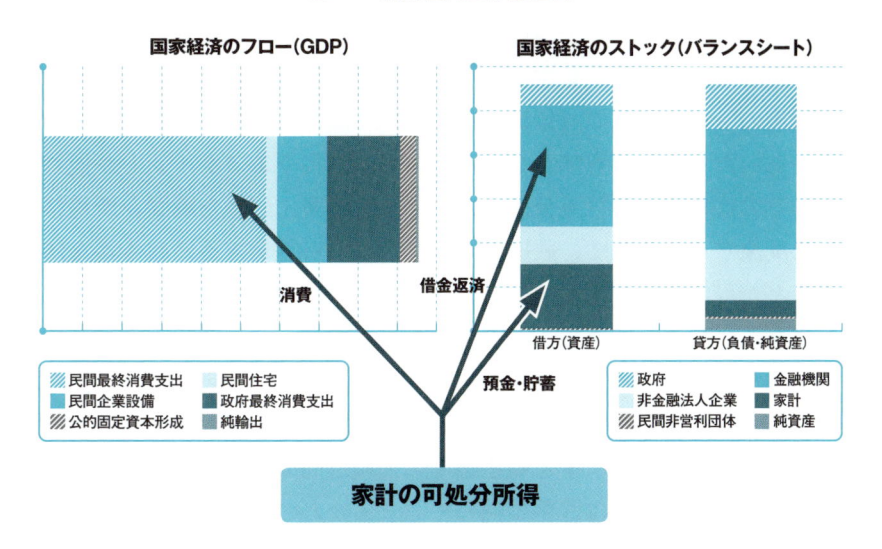

国家経済のフロー（GDP）

国家経済のストック（バランスシート）

消費　借金返済

借方（資産）　貸方（負債・純資産）

預金・貯蓄

民間最終消費支出　民間住宅
民間企業設備　政府最終消費支出
公的固定資本形成　純輸出

政府　金融機関
非金融法人企業　家計
民間非営利団体　純資産

家計の可処分所得

のお金を手当てとして配り、少子化問題が解決できるのかどうか、心底から疑問ではあります。

　さて、子ども手当てはあくまで「所得移転」です。しかも、エコカー減税やエコポイントのように「必ず消費を伴う所得移転」ではありません。単純に政府から家庭に振り込みが行われる「贈与」にすぎないのです。銀行に振り込まれた子ども手当てを、家庭がそのまま貯蓄として保有し続けると、景気対策としての効果は「ゼロ」になります。

子ども手当ての消費性向は3割程度

　給与所得にせよ「子ども手当て」にせよ、家計は可処分所得を「2つの手法」で処理することになります。すなわち、消費するか、貯蓄するかです。ちなみに、「借金返済」も貯蓄として扱われるので、ご注意ください。経済学的な意味における「貯蓄」とは、「消費に回らなかった可処分所得」を意味しているのです。

消費や貯蓄が可処分所得に占める割合を、それぞれ「消費性向」「貯蓄性向」と呼びます。1つの家庭について、消費性向と貯蓄性向を足し合わせると、合計が必ず1になるわけです。

政府の所得移転系の対策は、消費性向が高ければ高いほど「経済効果があった」ことを意味します。**エコカー減税やエコポイントが優れているのは、家計の可処分所得の一部が「消費に回った瞬間、所得移転を実施する」**ことで、政府から移転された所得が貯蓄に回るのを防ぐことが可能な点です。

単なる所得移転である子ども手当てにしても、消費性向が高ければ、景気対策としての効果も高いということになります。現実にはどうだったでしょうか。

政府発表によると、**子ども手当ての消費性向は3割程度**とのことです。すなわち、7割は貯蓄に回ってしまったわけです。子ども手当ての初年（10年）度予算は2兆2500億円ですから、乗数効果を含めずに計算すると、消費に回った金額は、わずかに6750億円ということになります。

さらに、この財源の手当てをするために、扶養控除が一部廃止されることになりました。扶養控除の廃止とは、要するに増税ですから、個人消費抑制の一因になります。増税して財源を確保し、景気を悪化させた挙げ句、子ども手当て自体は7割がストック（貯蓄）に回り、フロー（GDP）を高める効果は薄いといえます。経済的にみる限り、子ども手当てという政策は、評価する部分が皆無です。

景気対策などの政策実施には、ビジョンやグランドデザインが必須

あるいは、民主党の政策のもう1つの目玉である、高速道路の無料化は、どうでしょうか。こちらは現在、実験中なので経済効果としての結果のお話はできないのですが、マクロ的に見てみましょう。フロー（GDP）とストックという観点から見ると、この政策は、本来、家庭や事業者が支払わなければならなかった料金を、政府が負担すると

いうことになります。すなわちある種の「減税」です。高速道路料金を支払わずにすみ、可処分所得が増えた家庭は消費を増やし、費用が減ったことで利益が増えた事業者は、人件費を上げるかもしれません。あるいは、設備投資を拡大するかもしれません。

高速道路無料化自体は、国家経済のフローであるGDPを刺激する効果が高く、それなりに評価できます。問題は財源です。

高速道路には、維持管理が必須です。これまでの維持管理費は、高速道路料金でまかなわれてきました。いわゆる「受益者負担」になります。それが無料になるということは、今後の維持管理費が税金で手当てされるということを意味します。すなわち、自動車に乗らない人も、今後は高速道路の維持管理費を負担することになるわけです。

もちろん、高速道路無料化で物流コストが下がるため、自動車に乗らない人が一方的に損をするというわけではありません。それにしても、不公平感が増すことは否めないでしょう。

景気対策などの政策を実施する際には、まずは「日本をどのような方向に導く」といった、ビジョンやグランドデザインが必要なのだと思います。その上で、「損をする人がいるかもしれないが、日本の将来のために納得して欲しい」と、国民とコミュニケーションをとることこそが、政治家の仕事なのでしょう。

民主党に限らず、現在の日本における政治の停滞は、政治家が「夢」を忘れ、日本のグランドデザインを国民に示そうとしないことに起因していると確信しています。

政府発表によると、子ども手当ての消費性向は3割程度とのこと。つまり、7割は貯蓄に回っていますので景気対策としての効果は低いです。高速道路無料化はGDPを刺激する効果が期待できそうです。

最終章　日本　これからの日本が進むべき道

Q52 日本が採るべき経済政策とは？

長引くデフレ、少子化などの問題を抱える日本でどんな経済政策が必要なのでしょうか。考えてみましょう。

内部環境が同一の国は存在しない

　国家の経済政策を考える際に、頭に入れておいて欲しいことが、2つあります。1つは「**内部環境が同一の国は存在しない**」現実であり、2つ目が「**マクロからミクロへ落とし込みをする**」になります。
「内部環境が同一の国は存在しない」ですが、文字通り日本と同じ内部環境(国土、文化、人種、人口構成、技術発展度、市場環境、言語、官僚機構、企業風土など)を持つ国は、世界中に1つもないという意味です。日本に限らず、アメリカと同じ内部環境を持つ国も、中国と同じ内部環境を持つ国も、世界には決して存在しません。そうである以上、**日本が**(どの国も同じですが)**構築する経済政策は、日本の内部環境に即したもの、すなわちオリジナルなものになるはずです。**

　たとえば、アイスランドの金融産業が活況を呈していた07年、同国の国民所得が世界第3位になった時期がありました。当時は、経済評論家などが無責任にアイスランドを絶賛し、「日本はアイスランドを見習え！　金融立国を目指せ！」などと叫ぶ人もいたわけですから、あきれ返ってしまいます。人口1億2000万超の日本が、人口わずか32万人の国のモデルを見習えるはずがありません。国民が飢え死にしてしまいます。

図52-1 日本の公共投資と公共投資対GDP比率 80-09年

(出典：内閣府)

　あるいは、マスコミの多くは北欧諸国の福祉の充実度のみを見て、「日本は北欧のような福祉大国を目指すべきだ」などと主張しています。確かに、北欧諸国の社会保障制度は充実していますが、その分、国民は貧乏です。なにしろ、社会保障を維持するために、政府が高額な税金を徴収していくため、国民の可処分所得が激減してしまうのです。ちなみに、デンマークやフィンランドの所得税は約50％で、消費税は25％前後です。

　日本が北欧諸国並みの社会保障の充実を実現するには、所得税を50％に、消費税を25％にアップする必要があるわけです。「北欧諸国を目指せ」などといっている人たちは、この高額な税率を甘受できるというのでしょうか（ちなみに、筆者は真っ平ごめんです）。

13年間で公共投資が20兆円も削られた！

　さらに、昨今の日本の公共投資がGDPの4％程度に「下がってし

まった」事実を受け、「これで欧州と同じレベルに日本の公共投資は減った。すばらしい」などといってのける人がいるわけですから、呆然としてしまいます。

　欧州には地震がありません。台風も来ません。地形も基本的には平原が続き、川は流れているのかどうかわからないほどの速度で、ゆったりと河口を目指します。その欧州と、地震や自然災害の「大国」である日本、地形も峻険（しゅんけん）で、橋梁やトンネル建造コストが跳ね上がる日本の公共投資が、対GDP比で並んでしまったわけです。これは、恐ろしい事実です。

　日本の適正な公共投資の水準を、内部環境が全く異なる欧州と比較し、定めてしまっているのです。空恐ろしいほどの「思考停止」といえます。

　日本の公共投資の総額は、橋本政権下の緊縮財政開始以降、長期的に削減され、今や20兆円を切る水準にまで落とされてしまいました。ピークの1996年には、公共投資が40兆円を超えていたわけですから、その後の**13年間で、国内から20兆円超の需要が失われた**ということになります。デフレに苦しむ日本において、政府自ら需要を20兆円も削ってしまったわけです。それはもう、デフレが深刻化して当たり前です。

　09年の公共投資総額は、なんと30年前の80年をも下回っています。世界でまれに見る猛烈なデフレ、あるいは自然災害の多さや地形の峻険さという日本の内部環境を考慮した上で、公共投資の総額を削減していったのであれば理解できます。しかし、日本の公共投資の額を、「インフレで自然災害が少ない」欧州、すなわち内部環境が全く異なる国々と比較し、「大きすぎる」「多すぎる」などと批判しているわけですから、一部のマスコミや評論家は、全く始末におえないわけです。

経済政策はマクロからミクロへ落とし込む

　ところで、公共投資の話をすると、途端に「鹿しか通らない道路を

作る気か！」などの批判が飛んできます。まさに、これこそが、経済政策を考える上での２つ目のポイント「マクロからミクロへ落とし込みをする」を、全く考慮していない批判になります。

「鹿しか通らない道路を作る」とは、極めてミクロな問題です。「交通量が少ない、どこどこの地域に、道路を作る」という話なので、マクロ的な「日本の内部環境に鑑みて、公共投資はどれほどの規模が適正なのか？」という話とは、全く無関係なのです。

まずは、日本の内部環境を分析した上で、マクロ的な公共投資の適正規模を考える。その上で、各投資分野に落とし込みを行い、さらに投資が実施される地域を検討する。「鹿しか通らない道路を作るか否か」は、その後の問題です。

まずは**各論を無視し、マクロ的な総論をまとめ上げる。その上で、各論にブレイクダウン（細分化）していかなければ、なにもはじめることはできません。**

読者の皆さんも、マスコミなどの報道姿勢に注目してみてください。ほとんどのケースで「ミクロ」あるいは「各論」が論じられ、利害対立の結果、議論が袋小路に突き進んでいることが理解できると思います。国家に限らず、戦略とはまずは「マクロ」から構築しなければならないのです。

さて、「日本が採るべき経済政策」とは、はたしてなんでしょうか。その答えは、本書を読み終わった後に、読者の皆様ご自身で考えてみてください。

> 内部環境が同一の国は存在しないので、日本の経済政策は、オリジナルなものになるはず。また、マクロからミクロへの落とし込みが必要なので、まずは、マクロ的な総論の構築からはじめるべきです。

最終章のポイント

✓ 政府の借金は減らすべきでしょうか。インフレ下で国内の供給が足りないのであれば、増税や政府支出削減により需要を減らす。あるいは規制緩和により供給を増やすことが求められますので、政府は決して国債増発や財政出動の拡大に乗り出してはならず、税金として入ってきたお金を支出に回さず、国債を償還、つまり借金を返済すべきです。しかし、デフレ下で政府に求められる対策は、大々的な財政出動であり、借金返済ではありません。つまり、環境に応じて採るべき政策は変わってくるのです。

✓ デフレ下で消費税を増税するとどうなるでしょう。97年に橋本政権下で日本はそれを経験しています。結果は、平均給与の下落、失業率上昇、自殺者の増加という恐ろしいものでした。そして、トータルでは税収が減収になりました。財政健全化を目指して緊縮財政を実施したはずが、GDPが極端なマイナス成長に陥り、税収も減り、財政はかえって悪化したのです。デフレ下での消費税増税は避けるべきです。

✓ 09年から10年にかけて行われた事業仕分けですが、経済的には2つの点で大きな問題がありました。1つは日本経済を縮小させることに貢献したという点。もう1つは国家のグランドデザインやビジョンなしに、ミクロレベルの予算削減を強行したという点です。事業仕分けなどといって政府支出を削減すると、ますますGDPが減り、デフレが深刻化してしまうのです。

おわりに

　アイルランドの09年における財政赤字対GDP比率は14.4%と、ユーロ圏でギリシャに次いで悪い数値となりました。ところが、10年の同国の財政赤字対GDP比率はそれどころではなく、32%を上回ると考えられているのです。
　単年度の財政赤字が、対GDP比で3割を超える…。日本でいえば、1年の財政赤字が150兆円を上回る計算になります。
　アイルランドの財政赤字がここまで膨らんでしまった主因は、バブル崩壊後に銀行システムが危機に直面し、政府が莫大なマネーを各銀行に注入しなければならなかったためです。日本政府がバブル崩壊後に、自国の銀行に資金注入したのと同じですが、アイルランドの場合は、必要な資金量が国力に比してとんでもない規模なのです。
　アイルランドは、10年9月末時点で、計330億ユーロ（約4兆円）の公的資金を、銀行や住宅貯蓄組合に注入してきました。アイルランドのGDPは、09年時点で2278億ドル（約20兆円）ですから、対GDP比で2割にも達することになります。さらにそれに加えて、すでに国有化したアングロ・アイリッシュ銀行の処理コストとして、最大500億ユーロ（約5兆6000億円）の追加資金が必要であることが判明したのです。
　結果、アイルランド政府の支出額は1000億ユーロ近くに跳ね上がり、10年における財政赤字の見込みが対GDP比で32%と、想像を絶する事態にいたったわけです。
　ちなみに、バブル崩壊後のアイルランドでは、工事途中のマンションなどが放置され、「ゴーストマンション」と化しています。首都ダブリンの住宅価格は、すでにピーク時から40%以上も下落しており、日本のバブル崩壊を思い起こさせます。日本とアイルランドのバブル崩壊が違うのは、バブルを生み出したお金の出所です。日本が「自国のお金」でバブル化したのに対し、アイルランドは「外国のお金」なのです。そして、アイルランド政府が銀行救済に使うお金も、これま

た「外国から借りたお金」になります。

　アイルランド政府の「債権者」が海外の投資家である以上、同国の危機は銀行システムを通じてユーロ圏全域、ひいては世界中に伝播してしまいます。そもそもアイルランドの不動産バブルが、「外国のお金」により引き起こされた以上、破綻の余波が世界中におよぶのは、当たり前すぎるほど当たり前なのです。

　アメリカの停滞については繰り返しませんが、現在は米欧という巨大市場が共に伸び悩んでいる状況下にあります。各国は極端な金融緩和政策を採り、相対的に自国通貨の価値を薄めることで状況の打開を図っています。すなわち、現在は欧米諸国が「通貨安による輸出増」に活路を見出している状態なのです。

　そうである以上、相対的にファンダメンタルが良好で、かつ銀行システムが無傷な日本の通貨が買われるのは当たり前です。しかも、日本の場合はデフレが続いていますから、放っておいても通貨価値は上昇する環境下にあります。名目的な金利は低くても、実質金利は高くなっているのです。

　日本政府は10年夏以降の円高を受け、6年ぶりの為替介入に踏み切りました。とはいえ、日本のデフレが続く限り、円高圧力が弱まることはないでしょう。しかも、現在は欧米諸国も自国の通貨安を望んでいる有り様ですから、下手をすると、日本の為替介入は不毛な通貨安戦争の引き金になりかねません。

　日本には、現在、大きく2つの選択肢があります。1つ目は、世界的な需要縮小期に、通貨安・外需獲得を志向し、欧米諸国や中国などと互いの需要を奪い合うことです。この場合、世界中の国々が自国の通貨を安くするための為替介入を繰り返し、「近隣窮乏化戦略」が容赦なく推進されていくことになるでしょう。

　あるいは、極端なまでの国内におけるデフレギャップを解消すべく、日本が内需中心の経済戦略を採用し、「近隣窮乏化」進展の防波堤になるのか。日本の場合、なにしろデフレギャップが巨大ですので、政府が財政出動を拡大しようとも、金利はほとんど上昇しません。上昇

したらしたで、日銀が国債買取り額を増やせば、金利は抑制されます。代わりにインフレ率が高まりますが、史上最悪のデフレに悩んでいる国が、インフレを心配しても仕方がないわけです。インフレの心配は、インフレ期になってからすればいいのです。

　他国が日本の真似をしようとしても、長期金利上昇やインフレ率高騰により、すぐに行き詰まってしまいます。特に、経常収支赤字国は国債所有者の過半が外国人投資家であり、かつ通貨が自国で金利調整が不可能な外貨建て（もしくは共通通貨建て）のケースが多いのです。国債金利が上昇する、あるいはロールオーバーが不可能になったときは、緊縮財政を強行して返済するしかありません。たとえ緊縮財政が、国内の景気や財政をさらに悪化させるとわかっていてもです。

　しかし、日本は違います。
「はじめに」でもご紹介いたしましたが、天下の財務省が堂々と意見書で述べてくれたように、「日・米など先進国の自国通貨建て国債のデフォルトは考えられない」（外国格付け会社宛意見書要旨）のです。

　政府が民間経済のエンジンを回すべく、適切な投資を行い、国内の需要不足を埋める。日本がデフレから脱却し、民間主導の健全な成長路線に回帰すれば、政府の負債対GDP比率は改善します。すなわち、財政が健全化するのです。

　世界経済の「近隣窮乏化戦略」の防波堤になると同時に、日本の財政を健全化するために、今こそ内需主導型の成長が求められているのです。そして、そのための手段や資源を、日本は十分以上に持ち合わせているのです。

　マスコミ報道にだまされず、日本が自らの成長戦略で経済規模を拡大すること。それは私たち日本国民ひとりひとりが「情報を読み取る力」を高めなければ実現しないのです。

2011年3月
三橋貴明

索引

あ
- インフレ　17　60　122　156　197
- インフレ率　196
- 迂回貿易　102　184
- エコカー減税　42
- 欧州連合条約（マーストリヒト条約）　62　80
- オフショア開発　176

か
- 改革開放政策　145
- 外国人投資家　78
- 格付け機関　20
- 可処分所得　42　144　213　217
- 為替差益　19
- 管理フロート制　127
- 基軸通貨　54　130
- キャピタルフライト　71　108　158
- キャリートレード　17　54
- 緊縮財政　200
- 金本位制　131
- 金融工学　22　38
- グローバル・インバランス　52　100
- 景気回復　12
- 景気対策　14
- 経済格差　44
- 経常移転収支　178
- 経常収支　30　52　156
- 経常収支赤字国　69
- 公共投資　142　147　160　203
- 合成の誤謬　15
- 公的固定資本形成　160　202　203
- 国際収支　52
- 国民健康保険　48
- 国民所得　96　170
- 個人消費　12　40　104　122　147　172　203
- 固定資産　30

さ
- サービス収支　178
- 財政危機　157
- 財政出動　15
- 財政破綻　116
- サブプライム危機　16
- サブプライム層　20　36
- 資源バブル　40
- 失業率　18　88　148　170
- 実効為替レート　16
- 実質GDP　12　122　204
- ジニ係数　44
- 資本財　31　166　184
- 純輸出　69　122　142　147　172　186
- 証券化商品　22　167
- 乗数効果　183　199
- 所得移転　14　212
- 所得格差　138
- 所得収支　191
- 新自由主義　158
- スタグフレーション　193
- 正規雇用者　91
- 政府最終消費支出　147　163　202
- 政府支出　147
- 世界大恐慌　30
- 選択と集中　190　210
- 総固定資本形成　122　142　174

た
- 兌換紙幣　131

□ タックスヘイブン		64	□ 民間最終消費支出		
□ 長期金利	63 79	81		147 172 202	203
□ 通貨スワップ協定		182	□ 民間住宅	147	203
□ 通貨バスケット制		136	□ 民間投資		147
□ デフォルト	68	197	□ 民工		148
□ デフレ	16 197	204	□ 名目GDP	122	204
□ デフレギャップ		208	や □ 有期雇用者		91
□ 投資	142	174	□ ユーロ	58	70
□ 投資銀行		19	□ 輸出大国		24
□ 投資ファンド		19	□ 輸入大国		24
□ 取り付け騒ぎ		114	ら □ リーマン・ショック		16
□ ドル固定相場制		127	□ リフレーション政策		207
な □ 日本銀行		62	□ 流動資産		30
は □ バイオエタノール		155	A □ CDS		33
□ ハイパーインフレーション		100	～ □ CPI（消費者物価指数）		192
□ バランスシート不況		14	Z □ ECB（欧州中央銀行）		61
□ バランスシート		14	□ ERM（欧州為替相場メカニズム）		108
□ 汎スカンディナヴィア主義		58	□ FRB（米連邦準備制度理事会）		
□ 非正規社員		91		15	62
□ ビッグディール		190	□ GDP	12	69
□ 評価損		66	□ GDPデフレータ		204
□ 貧困		46	□ GNI		70
□ 不換紙幣	60	131	□ PIGS		69
□ 負債		84	□ WTI原油先物価格		167
□ 不動産バブル		54			
□ 富裕層		47			
□ プライム層	20	36			
□ 不良債権		89			
□ フロー		14			
□ ヘッジ・ファンド		109			
□ 変動相場制	74	158			
□ 貿易立国		180			
□ ホームエクイティローン		54			
□ 保護主義	27	155			
□ 補正予算		209			
ま □ 民間企業設備	147 160	203			

■著者紹介

三橋貴明（みつはし・たかあき）

1994年、東京都立大学（現・首都大学東京）経済学部卒業。外資系IT企業ノーテルをはじめNEC、日本IBMなどを経て2008年に中小企業診断士として独立、三橋貴明診断士事務所を設立した。現在は、経済評論家、作家としても活躍中。 2007年、インターネット上の公表データから韓国経済の実態を分析し、内容をまとめた『本当はヤバい！韓国経済』（彩図社）がベストセラーとなり、経済評論家として論壇デビューを果たした。その後も意欲的に新著を発表、そのほとんどをベストセラーとしている。また、インターネットでカリスマ的な人気を誇り、ブログ「新世紀のビッグブラザーへ」の1日のアクセスユーザー数は4万5千人を超え、推定ユーザー数は12万人に達している。近著に『中国がなくても、日本経済はまったく心配ない！』（ワック）、『デフレ時代の富国論』（ビジネス社）、『日本のグランドデザイン ― 世界一の潜在経済力を富に変える4つのステップ』（講談社）、『いつまでも経済がわからない日本人「借金大国」というウソに騙されるな』（徳間書店）などがある。

ブックデザイン　Malpu Design（清水良洋＋黒瀬章夫）
カバー・本文イラスト　徳光和司

経済ニュースの裏を読め！　世界経済編

2011年4月10日　初　版　第1刷発行

著　　者	三　橋　貴　明	
発　行　者	斎　藤　博　明	
発　行　所	TAC株式会社　出版事業部	
		（TAC出版）

〒101-8383　東京都千代田区三崎町3-2-18
西村ビル
電話 03(5276)9492（営業）
FAX 03(5276)9674
http://www.tac-school.co.jp

組　　版	株式会社　三　協　美　術
印　　刷	株式会社　光　　　邦
製　　本	東京美術紙工協業組合

© Takaaki Mitsuhashi 2011　　Printed in Japan　　ISBN 978-4-8132-4153-9

落丁・乱丁本はお取り替えいたします。

本書は、「著作権法」によって、著作権等の権利が保護されている著作物です。本書の全部または一部につき、無断で転載、複写されると、著作権等の権利侵害となります。上記のような使い方をされる場合には、あらかじめ小社宛許諾を求めてください。

EYE LOVE EYE

視覚障害その他の理由で活字のままでこの本を利用できない人のために、営利を目的とする場合を除き「録音図書」「点字図書」「拡大写本」等の製作をすることを認めます。その際は著作権者、または、出版社までご連絡ください。

TAC出版の書籍について

書籍のご購入は

1. **全国の書店・大学生協で**
2. **TAC・Wセミナー各校 書籍コーナーで**
3. **インターネットで**

   TAC出版書籍販売サイト
   Cyber Book Store
   http://bookstore.tac-school.co.jp/

4. **お電話で**

   TAC出版 注文専用ダイヤル
   0120-67-9625 [土・日・祝を除く 9:30〜17:30]
   ※携帯・PHSからもご利用になれます。

刊行予定、新刊情報などのご案内は

TAC出版
03-5276-9492 [土・日・祝を除く 9:30〜17:30]

ご意見・ご感想・お問合わせは

1. **郵送で** 〒101-8383 東京都千代田区三崎町3-2-18
   TAC株式会社 出版事業部 宛
2. **FAXで** **03-5276-9674**
3. **インターネットで**

   Cyber Book Store
   http://bookstore.tac-school.co.jp/
   トップページ内「お問合わせ」よりご送信ください。

(平成21年10月現在)